编 委 会 名 单

出品人：黄传芳

总监制：张国飞　王晓斌

策　划：靳　雷　王世林　彭忠蛟

主　编：薛建峰

编　委：张清春　冯其器　陈　盛　谢　崑　曹　畅
　　　　李庆庆　杨新刚　舒晶晶　于　淼　郑秀国

编　辑：张聪宇　于文昭洋　明春来　秦　华　孙有浚
　　　　崔　颖　周玉勇　杨　沛　于华周　舒　慧
　　　　段广宏　陈　娟　何　天　赵　鹏　崔　希
　　　　王　蓉　韩　健　范　从　孙慧娟　税　佳
　　　　张　成　马　雷　刘　晶　牛　力　孙颖屏

攻坚日记

守望相助

中央广播电视总台　编

人 民 出 版 社

用镜头践行使命　用青春见证振兴（代序）

　　摆脱贫困，是中华民族上下求索的千年夙愿，消除贫困，是中国共产党自诞生之日起就肩负的历史使命。《攻坚日记》系列丛书正是通过记录脱贫攻坚的鲜活实践，展现了脱贫者自强不息、乐观奋斗的精神风貌和帮扶者求真务实、甘于奉献的情怀担当。可以说，当2021年2月25日"我国脱贫攻坚战取得了全面胜利"后，《攻坚日记》系列丛书充分展示了中国样本、中国经验、中国力量和中国成就。

　　《攻坚日记》系列丛书共分五种，总字数100万字，分别是《实干当头》《久久为功》《智志双扶》《扶危济困》《守望相助》，它改编自中央广播电视总台农业农村节目中心推出的展现脱贫进程的日播纪录片栏目《攻坚日记》。每种图书中真实记录了六个贫困家庭脱贫的故事，共有30个家庭，每一个家庭分别由贫困户、帮扶干部和编导来讲述，全套书勾画了一幅完整、生动的中国脱贫攻坚成就图。

　　首先，《攻坚日记》系列丛书展现了一个个沾泥土、带露珠、冒热气的脱贫攻坚故事，将国家媒体的责任与担当融入国家民族发展的宏阔进程。本套丛书源自电视节目，在节目中，摄制组跟踪拍摄贫困家庭在决战决胜时刻的细微变化，每个拍摄点在自然月中每天依次亮相，历时3年播出400集，呈现了中国村庄最真实的脱贫影像。因而，丛书中展现的是地域广阔的中国农村大地上发生的新鲜故事，在终年积雪的青海果洛，鸡鸣四国的新疆瓦罕走廊，凭借溜索通往村外的云南怒江秋那桶村……不管是孩子手术、妻子透析、老人去世，还是异地搬迁，从大山深处的穷窝窝，搬到安置点的新房子，每一个点点滴滴的新变化，每一个生活的新进步，每一项扶贫政策的新推进，书中都记录得非常详细，扶贫工作中的每一步、每一个情节都有无数多的细节做支撑。

其次，《攻坚日记》系列丛书记录了众多的鲜活生动的典型人物。随着记录的持续展开，每个性格不同、生活态度迥异的人物形象铺呈在眼前，有憨厚但有坚持的洛古有伍，懦弱但倔犟的李阿乐坦嘎日迪，身体残疾但精神富足的宝园，固执难缠但胸有大义的徐金生，等等。每个故事的主人公和他们的帮扶干部都有非常多的对手戏，他们的苦乐牵动着人们的心。尤其是帮扶干部们，他们爬过最高的山，走过最险的路，去过最偏远的村寨，住过最穷的人家，哪里有需要，他们就战斗在哪里。正是这些普通人，做着一件件不平凡的事，使"脱贫地区处处呈现山乡巨变、山河锦绣的时代画卷"，让我们看到了中国贫困地区和贫困农民发生的巨大变化，触人心怀、感人肺腑。

再次，《攻坚日记》系列丛书体现了新时代新闻工作者的责任和担当，锤炼了年轻的媒体从业人的意志和勇气。脱贫攻坚的进程有多么艰难，记者们的记录就有多么重要。这种价值感犹如淬钢的炉火，净化着每一个参与拍摄《攻坚日记》的制作人员，特别是摄制组中的年轻人。有多位创作人员在节目进程中受到感召，有了坚定的信仰，递交了入党申请书。当600多个日日夜夜过去后，蹲点的记者早已跟第一书记和曾经的贫困户处成了兄弟姐妹。在大病大灾大难面前，他们见证过彼此的窘迫，交换过生命的困惑和迷茫，坚定地支持过、携手过，也曾拥抱过、哭泣过、欢笑过，已经是一辈子的朋友了。一句简单的"再见"，在离别时说不出口，许多记者最后一次驻村拍摄后都选择悄悄离开。

最后，《攻坚日记》系列丛书探索出更接近生活本体的表达方式。书中图文并茂、生动展现，并含有电视节目二维码，可在阅读纸质的同时，在央视网、央视影音、央视频 APP 搜索《攻坚日记》观看视频版，二者相辅相成、相得益彰。央视频平台主打短视频，推出系列 v–log《编导手记》，将节目外的故事以亲历者的角度进行补充与佐证。

2020 年 5 月，《攻坚日记》栏目组获得"新春走基层"活动中央新闻单位先进集体称号；12 月，《攻坚日记》栏目荣获"第 26 届中国纪录片学术盛典"年度栏目。

2021 年 4 月，短视频《李阿乐坦嘎日迪的脱贫战》在新春走基层·中央新闻单位青年记者践行"四力"交流活动评选中荣获最佳人物报道奖；7 月，《攻坚日记》被评为"2020 年度广播电视创新创优节目"。

《攻坚日记》系列丛书，作为一部见证感动、记录历史、讲好中国村庄故事的主题出版类图书，诚如当地有关部门来函中所说："没想到，我们的贫困百姓平常的生产生活，我们脱贫攻坚日常的工作，被朴实生动地讲述出来，这给贫困户增强了信心，为扶贫干部增添了荣誉感和自豪感。"

编 者

2022 年 7 月

目 录

五　嘎查纪事

六　天平村的幸福路

攻坚日记

一

新园村里新生机

扫码收看《新园村里新生机》

（一）攻坚之路：老麦的脱贫路

新园村位于海南省东方市南部，尖峰岭西麓，距离海南岛西海岸直线距离不到 10 千米，是东方市仅有的 3 个未出列的深度贫困村之一。全村 236 户共 1080 人，建档立卡贫困户 90 户共 366 人。经过两年的扶贫攻坚，村里已经有 79 户家庭陆续脱贫。目前，新园村未脱贫户共计 11 户 38 人。新园村村民麦贤顺外出打工回到村里已经有 4 年时间了。由于患有股骨头坏死，老麦做不了重活儿，只能和亲戚合伙种玉米、茄子等农产品挣钱。在 2015 年患病之前，老麦曾在文昌打工。当时，小儿子还没有出生，妻子带着两个女儿在村里生活，家里的日子过得不错。当时整个新园村在外务工的家庭比较少，老麦的收入在全村也是数得着的。患病之后，老麦逐

图 1-1
新园村风貌

渐丧失了劳动力。病痛折磨了他几年时间，也耗尽了家里的全部积蓄。

老麦共有五个兄弟，他排行老二，三弟麦贤新是新园村村委书记。自从老麦患上病，麦贤新就一直带着老麦到处求医问药，帮了老麦不少忙。同时，麦贤新也成为对老麦情况最了解的人。早在之前的看病经历中，医生曾告诉老麦，股骨头坏死病情一旦达到四期就无法恢复，若他的病情发展下去将会失去行走能力，最后只能靠置换人工关节才能恢复。医生还多次嘱咐老麦在养病期间不能负重，要一直卧床。两年多来的求医过程，早已让老麦花光了家里所有积蓄。如今，更换人工关节的价格高昂，老麦更是花不起这么多的钱。面对日益失去劳动能力的双腿，老麦心中充满了无奈。

玉米减产赔偿难　手术计划再推迟

早在 2016 年，当时从北京确诊回到新园村的老麦曾想趁着还能干点轻活，出去工作赚些钱。可这个想法立刻遭到了麦贤新的反对。麦贤新希望把因残致贫的老麦纳入贫困保障政策，好让他在村中安心养病。但老麦认为，自己的病还未到不能自理的程度，考虑到弟弟的身份特殊，怕给他带来不好的影响，所以一直没答应弟弟的提议。兄弟二人本来都是好意，都为了对方考虑，最终却产生了分歧。就这样，两人僵持了一年之久。2017 年，国家扶贫政策有了新变化，对于像麦贤顺这样因残致贫、几乎丧失劳动能力的贫困户有了新的保障措施。同时，村委会经过讨论和调研，考虑到老麦家当时的住房被评定为 D 级危房的情况，将老麦纳入建档立卡贫困户序列，一家五口的住房安全得以保障。

一天早饭过后，麦贤顺驾车来到地里，准备给他的玉米施肥。

老麦种着 30 多亩玉米地，是从邻居那儿租来的，每亩租金 500 元，由他和小舅子共同承担。平日里，重活有小舅子来帮忙，老麦只需要做点辅助工作。即便这样，他也经常只能坐着干活。因为站久了之后，老麦的股骨头会时不时地阵痛。由于新园村土地地力有限，土壤层有一定沙化，土地肥力普遍较低。今年又多了台风的影响，农作物产量情况更是不容乐观。老麦注意到，今年的玉米生长情况比之前差了许多，出现了大量的空苞。经过询问，老麦发现村里播种了这批种子的土地都多多少少出现了些减产迹象。老麦认为，很可能是这批玉米种子出了问题。当时，种子商曾向他们承诺了产量，因此很多村民都购买了这类种子。老麦心里盘算着，如果这批玉米真的出现大面积减产，按照现在的玉米收购价格计算，很有可能达不到预期收益。过段时间，老麦就要做股骨头更换手术了。虽然医保可以负担百分之九十的手术费用，但是后续的营养费和误工费，仍是一笔不小的开支。另外，种子、农药和化肥都是赊账来的，这些也都等着他拿卖玉米的钱再去还。想到这一切，老麦的心里很是着急。

2019 年 12 月初，海南省发布了台风三级预警。受台风"北冕"带来的冷空气影响，新园村的平均气温比往年这个时候低了将近 8 度，每日最低气温只有 8 到 10 摄氏度左右，这个温度在海南已经算是罕见的低温了。台风带来的云层依旧浓密，山雨欲来，风吹拂着玉米田，沙沙作响。一下午，老麦一直有点心不在焉。一方面，玉米减产的事儿就像一块大石头压在了心头，他一心想找种子商讨个说法；另一方面，今天是个周五，干完活还要赶紧去镇上中心校接女儿们回家。老麦共有两个女儿，一个儿子。女儿们在上小学，平时住校，每周末才能回家，儿子还没到学龄。每个月，村里会给学龄儿童发放每人 200 元的助学金，麦家姐妹每月一共能领

400元。因为快到周末,老麦准备买点肉,给正在长身体的孩子们改善下生活。冷锋过境后,海南的天气又恢复了宜人的状态。晚饭后,孩子们让麦家的院子重新热闹了起来。老麦也坐在院子里的吊床上,享受着一天中最美好的时光。不过,他的烦心事儿,还远远没有结束……

郭涛担任新园村驻村第一书记已有一年多的时间。军人出身的他,在退出海军现役后在海南省科技厅担任副调研员。郭涛每日的工作从巡村开始,曾经担任舰艇轮机长的他始终保持着良好的作息习惯,利用每天早晨巡村的时间,他了解村子里各种情况。在他的眼中,一个村庄就像是一艘舰艇,之所以能够正常运行,靠的是周期性的维护与监测。这一天早上,郭涛在巡村时了解到村民们玉米大面积减产的情况,有些担心。一回到办公室,他就打了电话,想邀请专家到村里评估下减产情况,并找出原因。稍后不久,郭涛再次来到麦贤顺家,想再进一步了解他们家的减产情况,可是老麦并不在家。这样,郭涛只好按照工作日程,先改道来到村里的兰花大棚,查看大棚扩建的情况。按照郭涛的一贯思路,玉米减产的情况一定要经过调查取证,明确权责方后才能进行下一步的交涉。此时的麦贤顺正在采购肥料,尽管这次减产看起来是不可避免的,但他还是希望尽力将影响降到最低。

冷锋虽然还未完全过境,但地处尖峰岭山区的新园村温差较大。到了中午,老麦将肥料拉回村子之后,来到了邻居家里吃饭。饭桌前,大家说起了玉米种子赔偿的事情,邻居打电话咨询种子商关于减产赔偿的事情,没想到期间却发生了争执。种子商在电话中不仅沟通态度不够友好,还反过来指责他们隐瞒情况,骗取补偿金。双方就玉米减产的赔偿问题陷入了僵局。下午,天气逐渐转晴,新园村的村民们陆续回了家。像往常一样,老麦妻子做好了饭，一家人围坐到一起吃晚饭。但麦贤顺这次并没有参与。他独自一人来到村里集体的火龙果地，在灯光的映照下，老麦的忧虑也渐渐清晰。眼见着就要到收玉米的时间了，玉米却大面积减产，品相又不好，无法达到预期的收入。再想到中午种子商电话里的态度，老麦觉得减产赔偿的事很可能没有结果。想到这，辛苦了半年多的老麦觉得实在无法面对这一家老小的期待。再过几个月，股骨头手术后还要有将近半年的恢复期，这半年家里的农活该怎么办，收入又从哪来呢？究竟要不要现在就把玉米卖掉，老麦有些犹豫。好在过段时间，村里的火龙果田和兰花大棚能够提供一部分集体分红收益。在麦贤顺手术后的半年内，这笔分红可能会成为老麦家里主要的经济来源。此时的老麦比任何人都希望今年的集体果田能够有个好收成。

冷锋过后，天气逐渐转晴，气温回升。与之前相比，粮商收购玉米的价格有所回落。看着这些品相一般的玉米，老麦有点无奈。最终，老麦还是决定将自己的玉米卖出去。这天，老麦比往常早起了一个多小时。他提前和粮商约好，这天晚上就要把玉米全部卖掉。对他来说，卖玉米是个大日子。半年多来的辛苦，总算要在今天有所回报。几万斤的玉米，一个下午就要收完，晚上再由粮商分拣、过称、装车，连夜运到广东去。为了加快进度，小舅子雇了一些村民下午过来一起帮忙收玉米。夜幕降临，十几个工人在分拣和装车。望着一车车的玉米，老麦的内心有点复杂。因为，这几天粮商收购的价格都不算太高，与之前相比有一定差距。不过，好在这次卖玉米的收入能多少缓解一下家里的压力，这给老麦带来些许安慰，十几天来心头的一件大事儿总算是解决了。

众人劝说新种植　老麦内心主意定

从 2019 年初开始，海南省的扶贫政策再次升级，力争做到精准覆盖，立体保障。随着政策落实逐渐到位，像老麦这样因病致贫、因病返贫的案例也成为扶贫工作的难点和重点。接下来，如何从根源上解决这部分贫困户的经济困境，让老麦这样的家庭得到有效保障，是郭涛目前阶段最关心的问题。随着春日的临近，兰花大棚新一季的种植就要开始了，同时新的观赏大棚也即将动工。作为新园村特色集体经济项目之一，观赏大棚主要是以包销的形式保障集体收益与分红。老麦的妻子符加笔也将在大棚建好后投入到兰花浇灌的工作当中去，赚取一定收入。郭涛也希望，通过这样的途径能让老麦一家度过困境。这天一大早，麦贤顺把两个女儿送到学校后，趁着天光微亮，立刻驱车赶往地里开始一天的劳作。郭涛的工作依然从巡村开始。老麦遇到的困难，郭涛感同身受。能否在村民和种子商之间架起有效的沟通桥梁，确定权责，是解决这次玉米减产危机的关键。日头依旧隐藏在尖峰岭的东面，但已经有光芒悄悄折射出来。

这一天，黎明前的新园村不同往日，早早就热闹起来。村里一户人家即将举行结婚庆典，村里的青壮年聚集起来杀牛宰鸡、生火做饭，开始为典礼做准备。临近春节，新园村里的婚嫁喜事也多了不少。在海南当地民俗里，一般婚嫁都会选择风光大办，十分隆重。而喜事当天，更是全村的男女老少齐上阵一起帮忙张罗。虽然老麦很早就收到邀请，但这些天他一直在忙活收玉米的事儿。直到准备出发去婚礼之前，才和妻子商量起来该拿多少礼钱。稍后，老麦来到三弟麦贤新家的超市，买了两个红包并包了 200 元钱进去。对于老麦的家庭来说，这是一笔规划外的支出。在超市门口，麦贤

图 1-2
兰花大棚

新趁机劝说老麦这一季改种香蕉和哈密瓜。可此时麦贤新并不知道，二哥老麦已经订下了下一季的玉米种子，并且播种的日子就在明天。老麦含糊其词，应付了几句就离开了。麦贤新十分无奈地摇摇头，面对二哥的执拗却也没有太好的办法。回到家中后，老麦和邻居们三五成群来到邻居家的宴席处。此时宴席已经没了位置，大家只好把饭菜打包拿回院子自行开席。席间，老麦看上去还是心事重重。由于病情加重的缘故，尽管有人劝酒，老麦却是滴酒未沾。回想起刚才和弟弟谈话期间，麦贤新无意间提醒了老麦尽快做手术的事。虽然嘴上未说，但老麦心里知道，自己并未对做手术的事做好充分准备。这如同他选择下一季种植科目时的想法一致，老麦从不敢轻易冒险。他担心的是，万一在手术台上出现什么问题，谁来替他照顾这个家。所以，他还是想在手术前做更加充分的准备。说到底，还是钱的问题。除了考虑种植科目和手术的事，老麦心里还惦记着周五下午要去镇上接两个女儿回家的事。

从新园村到板桥镇的路程不长，但板桥镇昨天刚下过雨，路面湿滑，并不好走。终于，忍着腿部传来的阵痛，老麦提前到达学校的门口等待两个女儿放学。这个周末，老麦依旧要做点好吃的，给寄宿了一周的女儿们改善下伙食。到家后，正在做饭的老麦不由地又想起烦心事，独自在冰箱前发起了牢骚，但这些话他也只能是说给自己听。很快，一家五口人围坐吃饭。席间，孩子们在嬉闹，夫妻俩却相对无言。这时，村委会的广播响起，麦贤新正在广播一条消息。

听到广播的老麦随后来到村委会，参加扶贫致富电视夜校学习。签到完，老麦找了个后排的位置和村民们一起观看学习内容。扶贫致富电视夜校项目在海南开办已经三年多了，每周一期，每期大约一个小时。电视夜校在海南全省设立 2690 个夜校教学播出点，新园村是其中之一。在夜校里，村民们利用茶余饭后的时间收看致富案例，了解扶贫政策，分享致富心得。久而久之，这个夜校成了新园村扶贫工作的重要组成部分。在玉米收获后的这半个月里，麦贤顺偿还了种子和肥料的欠款后，又用余下的几千元钱支付一部分债务的利息。想到茄子也即将迎来收获，日子还不至于太捉襟见肘，老麦心里有些欣慰。老麦的茄子田是省科技厅的扶贫支农项目，采用抵抗病虫害的改良品种，育苗的成本也由政府承担。这一季的茄子长势喜人，估计再有个十天八天就可以收获。

第二天早上，两个女儿带着弟弟在院中嬉闹，节日的好处在孩童看来就是能够无忧无虑地玩耍。而老麦夫妻二人已经早早来到地里，准备下一季度的耕种工作。这天，小舅子告假没来，妻子符加笔和老麦额外花了些时间来检修滴灌的管道。上一季度玉米的歉收，让老麦反思了种植技术上的失误。所以，这一季的种植从开始

图 1-3
第一书记郭涛
（左）和麦贤顺
（右）

他就格外上心，希望能得到更好的收成。

这些日子以来，郭涛和麦贤新也先后找到老麦，建议下一季度多样化种植。两人的想法大体是一致的：首先，考虑到玉米的事情最终种子商也没有赔付，收入也没达到预期，下一季如果还选择种玉米，风险是很大的。其次，两人都推荐老麦种植哈密瓜，这是当地已经验证过的优良品种，并且哈密瓜的单价高，利润也相对更高一些。建议归建议，老麦虽然口头上没有拒绝，心里还是有他自己的顾虑。老麦本也想多种点东西，但他担心身体怕后面忙不过来，并且自己的种植技术不行，还可能影响到产量。更重要的是，他觉得哈密瓜的地租和人工太高、成本太贵，自己根本拿不出那么多钱。老麦的顾虑也不是没有道理，经过上次歉收的波折，老麦对成本投入这部分更加谨慎。虽然理论上哈密瓜有着高回报，但成本投入相对于玉米来说也高出几倍。本地的银行给予老麦这样的农户贷款上限是 2 万元，如果投入到哈密瓜种植上，可能连一亩的成本都不够。而且，对于老麦来说，这又是一个完全没有接触过的种植新领域，还会不会遇到像玉米种子这样的事件，他也吃不准。

　　最终，不顾麦贤新和郭涛的劝说，老麦还是准备最近就把新一季的玉米种子种下。播种当天，为了抢农时，老麦请了很多村里和邻村的女工帮忙。这天的天气正好，大伙在破晓时分开工。女工们手脚麻利，天光还未大亮，播种工作就已经干了一大半了。劳作结束后，老麦进入地里巡视，发现株距30厘米是比较理想的情况。由于腿疼，老麦弯腰有些困难，他不能频繁低下身子检查种坑的间距，只能用步子仔细地度量。此时，妻子在给孩子们张罗早饭，已经懂事的大女儿也早早起来帮妈妈洗衣服。今天不仅是播种的日子，同时也是收获的日子。新一季的玉米种子被播下，麦贤顺打算一鼓作气去收获茄子。简单的早饭过后，他载着小舅子来到地里开始收茄子。最近茄子价格刚好超过每斤一元钱，正是收获的好时机。同时，村里的另一侧，镇政府组织的茄子死苗病防控技术现场观摩会也正在进行。这次观摩会是由三亚市来的病虫害防治专家们牵头，在茄子地里给村民们演示无人机防治茄子苗叶面病虫害的相关技术。面对新技术，村民不免有些质疑。这边干活的老麦却对那边的热闹不以为然。老麦本来就觉得无人机打药这件事根本就不靠谱，看着满地的收获，时髦的无人机防治技术似乎显得没那么重要。从老麦和村民们的反映中，可以大致看出大家看待新技术的质疑态度。这也解释了观摩会现场为何应者寥寥，且大部分去观摩的村民也都只是去看看热闹。一方面，村民觉得培训时间安排不正规，农务太忙没工夫参加；另一方面，村民看着无人机掀起的阵风，担心这种技术会伤害茄子苗。新技术碰上了老思想，郭涛认为，首先还是要打消村民的顾虑，提高大家参与的积极性。推广农业新技术本来是好事，但开展工作的手段可能还要再改良。

　　在村口另一侧的茄子地里，小舅子成了干活的主力。从凌晨3点多开始，他已经在地里忙活起来，一直干到十点左右。先后三趟老麦一共收获了 4698 斤茄子。茄子的品相十分不错，又粗又大不说，茄子表面的划痕还比较少。紧接着，菜场把老麦的这批茄子直接装箱，准备连夜北上运往广州。这次茄子的种植获得了很大的回报，这全凭老麦夫妇悉心的照顾，投入了很多的时间。这天晚一些，收到卖菜钱的老麦回到家里还未来得及休息，就开始和符加笔一起算起了账。得病之后，定期算账成了夫妻二人的习惯。这一批茄子收入虽然高了，但由于之前的玉米歉收未获得赔偿，符加笔的心里还是有些落差。这一季，老麦家在玉米上的收入去掉农药化肥、种子和人工成本的费用后，利润少到可以忽略不计。想到这些，夫妻二人的谈话也不欢而散。正因为玉米的减产，老麦原定在上半年进行的手术计划最终还是未能确定下来，妻子也没有主动提及这个话题。手术的开支究竟从何而来，这仍然是老麦心中悬而未决的问题。按照目前的收成情况，再下一批茄子的收获期指日可待，麦家还是可以过一个好年。

春节期间，新冠肺炎疫情来袭，作为旅游热点城市的东方市也采取了相应的防控措施。麦贤新留守在村里主持疫情群防群控工作。除了村干部紧急上阵，他还召集了村里已经脱离隔离期的返村大学生一起，普及新冠肺炎防疫知识，做好防疫检查。疫情期间，新园村及周边未出现确诊病例。随着疫情防控的形势好转，郭涛一边组织村民防御疫情，一边也安排着复工复产的事情，期待早日实现扶贫攻坚的既定目标。

茄子收购遇困难　香蕉播种新希望

入夏以来，全国疫情得到了明显好转，海南已持续多日发布高温预警。由于尖峰岭西麓地理位置原因，新园村的光照时长比其他地区相对短了一些，但是每日最高气温仍然接近 35 摄氏度。连续的高温干旱天气加剧了土壤中水分的蒸发。即便在一天中增加土地浇灌次数，农作物亩产也会自然下降。由于持续高温干旱天气的影响，新园村的农户整体进入相对农闲阶段，大部分农户都会选择在这样的天气里农歇养精蓄锐，为后续的种植做准备。但一向保守的老麦却好像正在准备新的种植项目，预备大干一场。

老麦这么做也属实是被迫之举。春节过后，受疫情的影响，交通运输受限。老麦家原来粗大厚实的茄子，只在年前卖掉了 3000 斤，剩下的大部分没能在年后挤上收购的末班车，都烂在了地里。老麦看在眼里，疼在心里。得知情况后，郭涛和村里干部紧急开会研讨，想组织收购茄子以弥补农户的损失，并把茄子捐赠给湖北。收购的保护价成本虽然不高，但让郭涛没想到的是，成倍的运费村里却无法承担。另外，考虑到疫情期间也难以组织运力去往湖北，这个计划只能作罢。"屋漏偏逢连夜雨"，玉米、茄子地的地租也到期了，老麦的地被提前承包给了其他人。心灰意冷的老麦资金还没有回笼，一时间也拿不出续租的钱。老麦知道，这次是真的没有退路了。一向保守的他，终于做出了一个令人意外的决定——种植香蕉。香蕉虽然利润高，但投入和风险也相对较大。以往光高投入这一项就成功地"劝退"了老麦。然而这次，老麦因为现实情况所迫，抱着"博一把"的心态，主动选择种植香蕉。不管怎么样，一家老小的吃穿用度还得指望着他。况且，这些之外，还有一个一拖再拖的换骨手术等待着他。

贷款是目前唯一的出路。尽管常年在小额借贷提供的成本弹性里受益，但麦贤顺这次要借的数目并不小。拿到贷款后，老麦火速从邻居那租了 23 亩香蕉地。自己又去镇上定了 4000 多株香蕉苗。这样种植规模如果顺利的话，每亩收益可达到 3000—4000 元左右，远超玉米和茄子。一旦下定了决心，那么事不宜迟。关于香蕉种植的一切准备也要拿到日程上来，可计划不如变化快，说好的这几天就能送来的香蕉苗，现在却"掉链子"了。过了几天，苗还是拉不过来，可农时不等人。现在不仅种植时间要延后，而且本来在香蕉苗种植之前翻地、铺设灌溉管道等一系列准备工作都要往后推。老麦也已经掰着手指头数日子，做好了时间安排。现在这么拖下去不是办法，老麦夫妻俩商量着，决定先让妻子符加笔去邻村打几天零工贴补家用。这几天，老麦就留在家里照顾孩子们的起居生活。

让老麦做饭实属权宜之举，孩子们都不太爱吃他做的饭。但由于老麦有腿病，外出打工很困难，今年种地又受了很大的损失，妻子再不去打工的话，他们家的收入就更成问题了。

最近，郭涛几乎每天都要来村里集体产业兰花大棚看一下。郭涛发现，刚被搬进来的这批兰花，一大部分长了黄叶子。大棚的工人认为大概率是因为这个新建成的兰花大棚水源一直没到位，空气湿度比较低造成的。找到病因后，最重要的就是尽快解决，否则有可能造成兰花大面积死亡。从兰花大棚出来，郭涛直接来到村委会。下午的时候，他打电话约了老麦来村委会聊一下。郭涛的想法很简单，目前村里两个兰花大棚已经基本上完工。大棚可以解决大约 20 个贫困户的就业问题，招工工作即将提上日程。也许，老麦的妻子符加笔可以胜任这份工作。郭涛一直关注着老麦家里的动态。茄子烂在地里的事儿，郭涛最终还是没能帮上忙。所以这次有了机会，他也是第一时间就想到了老麦。其间，郭涛询问老麦今年改种香蕉的情况，这也正是老麦所担心的事儿。苗不到位，下一步种植更是无从谈起。至于符加笔工作的事儿，郭涛表示，可以安排妻子到兰花大棚里工作，一天工作八个小时可赚到 100 元的工资。但老麦的回答却含糊其词，因为符加笔已经在邻村找了短工。在他看来，目前全家最重要的事儿就是香蕉种植了。一旦到了月末香蕉苗到位，妻子得马上撇下短工回家，做好后勤保障工作。现在正处在节骨眼儿上，如果这时候妻子出去工作，搭了个人情不说，辞工的时候又是一番周折。

这几天，老麦思来想去，担心过些日子翻地费用也许会水涨船高。老麦最终决定，还是得抓紧时间先把地给翻了，顺便拉个灌溉管道。次日，他和小舅子俩人来到地里，恰巧看到别人家刚拉来的一车香蕉苗。经过询问，得知自己家的苗还得一段时间才能拉过来，老麦开始有些着急。苗种得晚，香蕉就出得晚。万一收购时再滞后其他家，就更不能指望卖个好价格了。眼看别人都开始热火朝天地种上了，自己家的苗还没到位，这让老麦心里多少有点不是滋味儿。拉灌溉管道这件事，对于老麦和小舅子他俩本不算什么难事。但这次种植，他们还面临着新的技术难题。新租的香蕉地附近没有水源，若想引水，必须从原来玉米地那里拉管。看来，拉管道这件事其实也远没想象中的那般顺利。吸水水泵不知道怎么掉了一个螺丝，老麦打算自己摸索着安装上。这次种植，老麦就本着一个原则——能省则省。由于灌溉管道铺设小问题不断，原计划两三个小时就能完成的工作，这次足足耗费了一下午的时间。由于换骨手术一拖再拖，高强度劳动使得老麦的股骨头隐隐作痛。望着眼前的20多亩地，这次的高投入能不能得到高收益，老麦心里也没有底。

三天后的下午，老麦接到通知，香蕉苗在明日晚间直接送到地里。老麦决定后天就动手，将香蕉苗全部种下去。虽然已经是深夜了，此时的老麦还是睡不着，约了四弟麦贤胜和小舅子符加银到地里检查管道。经历了一晚上的劳作，当太阳从尖峰岭爬出来的时候，老麦的香蕉地里已经站满了来帮忙插苗的女工。老麦已经得知，今天的最高气温将达到38摄氏度。所以早起赶工，就会剩下一部分用于浇灌新苗的水。种植这种原产地巴西的香蕉品种，最紧要的是看土壤的通气度和降水。此时的新园村已经半个月滴雨未下，半沙化的土壤通气性当然能保证，但新苗少了水也不能成活。为了以防万一，老麦决定给新苗一次性灌足水。长达半个月的劳动，有了回报。纵横交错的滴灌网，经过昨夜的抢修渗漏的地方很少。绝大多数管道水压充足，沙化的地面瞬间湿润起来。直到中午，太阳直射的威力显现出来。未栽种的香蕉苗在这样强度的光照下很容易枯死。见状，老麦一家人快速拉起网布，他们要尽快给还未下地的香蕉苗遮挡阳光。看着遮光网布铺得差不多了，在地里帮忙的符加笔终于能抽开身。她还有一项更重要的任务，准备劳动日的晚饭。夕阳西下，麦家院落中的亲戚们都开始生火做饭。鸡肉和鱼肉是平常日子里难得一见的饮食，这时成为家里人辛勤劳作一天的犒赏。这边，符加笔张罗着晚饭。香蕉田里的女人们还在忙碌着，直到太阳落山。到了晚间，忙活了一天的女人们围聚在饭桌前大快朵颐。这些白天干活的主力们，终于歇下来。梳洗完毕后，她们闲适地享受着劳动日难得的休憩。到了晚间，老麦还是对这些老化的水管不放心，独自下地检修。这时，在地里巡视的老麦发现浇水的水管爆了，赶紧接了回来。

这批巴西蕉的生育期是 9 到 12 个月，漫长的维护工作从下苗的当晚就开始了。老麦想的是，既然香蕉种植已经晚于其他农户，那么只有依靠质量取胜，才能获得预期的收入。适当浇水，恰当施肥，还有每日的维护，成为接下来老麦最重要的任务。老麦知道，这段香蕉种植的冒险之旅，才刚刚开始。

先后经历了玉米减产、赔偿未果、土地换租、茄子滞销等遭遇的老麦，如今因为勇敢尝试香蕉种植而重新燃起了对生活的希望。靠着自己辛勤的劳动，他相信香蕉一定能够获得良好的收成。

只是，经历了一波三折，老麦腿部的手术计划却一再搁置。后面的香蕉种植是否还会遇到问题？老麦的换骨手术究竟能否按时进行？这一切都还需要一定的时间解决。

（整理人：唐薇）

（二）使命担当：从"要我脱贫"到"我要致富"

┃《新园村里新生机》第一书记郭涛手记

走在村里，乡亲们看到我，就像朋友一样对着我喊"涛哥"，有些甚至直呼名字。当乡亲们对我说"你真是给我们办了大好事"的时候，我感觉眼睛有点湿——也许这就是幸福感吧！

我从部队转业到海南省科学技术厅办公室，就职不到两个月，组织就安排我到东方市板桥镇新园村担任驻村第一书记。新园村地

图 1-4
新园村驻村第一书记郭涛

处海南西部山区，北纬 18°热带气候，是一个黎族村庄。全村 236户共 946 人，村民主要以种植水稻、玉米、茄子和豆角等反季节瓜菜为主。长期以来，传统农业种植产量低、价格波动大，村民收益不高，平时在镇内和周边村庄以打零工为主。2019 年 11 月，全村贫困人口全部脱贫，整村脱贫出列。

2018 年 11 月 19 日，到新园村之前，我从未接触过扶贫工作，但这两年的扶贫经历让我的生活丰富而充实，让我难忘的人和事很多，"他们"就是我想讲的扶贫故事。

麦贤顺是新园村 2018 年纳入建档立卡的贫困户，说起老麦，原本家庭并不富裕的他，2016 年在文昌打工时，诊断出股骨头坏死，属较为严重的四期。患病后的他，无法从事重体力劳动，只能回村里与亲戚合种玉米、茄子等农作物为生，但新园村土地肥力普遍较低，导致麦贤顺经常会面临农作物规模性减产，收入也较低。

我与老麦成为朋友，经常上他家了解他的生活、生产情况，处理一些生产上遇到的难题，请来农业教授给老麦技术上的指导，向省科技厅及帮扶单位申请种子、化肥，帮助他解决种植上的困难；还推荐老麦的妻子到兰花大棚打工，增加家庭生活来源，让老麦的生活越过越好，早日走上致富道路。

新园村有因病致贫，也有因学、因残致贫。如何为贫困户谋发展，我和村两委干部共同为发展新园村集体经济按下了快进键。在省、市帮扶单位和乡镇党委大力支持下，我引进了新园村兰花大棚产业，带动新园村 20 人就业，群众的幸福感、获得感也不断增强，扶持壮大村集体经济助力脱贫攻坚取得真实成效。2019 年，全村建档立卡贫困人口全部实现脱贫摘帽，贫困发生率从 38.9%降低到 0%，危房改造户 60 户全部竣工入住，村集体经济收入每年稳定在 80 万元以上，贫困户每年实现稳定分红达 40 万元以上。

贫困户脱贫了，如何让大家富起来？新园村虽然土地广袤，拥有良好的自然条件，村民对种植茄科类作物有着极高热情，但在作物的管养技术方面一直欠缺，导致种植的茄子、辣椒等作物容易染上枯萎病、青枯病、黄萎病，最后成片接连死亡。如何解决这个难题？我想到了回娘家——海南省科学技术厅寻求帮助，申报建设了 50 多亩的茄子种植示范基地，同时请来科技特派员张建斌博士对贫困户和种植大户进行一对一的零距离技术指导，确保防控技术落实到每一块田间地头。

我意识到村集体产业方面还存在薄弱环节。新园村地处板桥中沙片区，种植平原少，水资源不足，特别是每年 4 到 8 月份进入枯水期后，种植传统农作物成本升高，无市场价格优势。对市场进行考察后，决定引导村集体发展优质高效产业，充分利用地处北纬 18°空气和阳光的自然优势，发展花卉种植产业。2020 年初，引入扶贫资金 200 万元，以集体出土地和设备、企业出技术和销路的合作方式开展兰花种植。兰花种苗开始生产，年底将带来 16 万元集体收益，带动村民务工，增加农户收入。下一步，我们将继续扩大产业规模及建设旅游观光大棚，培育新型农业经营主体，培养致富带头人，壮大村集体经济，带动全体村民增收致富。

为提高新园村村民特别是贫困户自身发展能力，变"输血"为"造血"，2018 年至今，我先后协调相关部门组织产业培训 3 次、就业培训 4 次、自行组织 400 多名贫困户到企业参观学习 3 次，引导村民思想完成从"要我脱贫"到"我要致富"的转变。

回想起驻村那年，孩子刚满两岁，但我几乎是以村为家，最长有过 3 个月没回家，对家人的亏欠，我希望他们能理解，我也从不后悔，因为我是一名共产党员，要完成组织交代的任务，为新园村的乡亲们共同奔小康而努力。

（三）记录者说：希望就在眼前

| 《新园村里新生机》导演赵浩淇手记

　　第一次见到麦贤顺是在 2019 年 12 月，那天，我们抵达村子时，他才刚从地里忙活回来。简单寒暄后，我当时心里咯噔一下。实话实说，作为纪录片导演，我们会希望自己的主人公表达的意和表达欲高一点，这样可以更好地将镜头拉近生活。但老麦是那种不善言辞，有点闷，给人感觉甚至有些木讷的汉子，他心里好像装着事儿一样，时常大段时间沉默。

　　我了解到，2015 年，老麦患病之前，曾在文昌打工，妻子带着两个女儿在村里生活，一家的收入曾经在全村也是数得着的。自从老麦患上股骨头坏死的病症，他回到了村里，逐渐丧失了劳动能力，被病痛折磨了几年的时间，也耗尽了家里的全部积蓄。

　　面对沉默的老麦，我在心里安慰自己，一方面，病魔缠身而因病返贫，他内心一定很苦；另一方面，大概是还不熟，对我们可能稍显戒备。这点在后来也得到了证实，当双方接触了几天后，老麦的话逐渐变得多了起来，面对镜头也自然了许多。

　　一般来说，这类性格的人心思细腻，老麦也不例外。这里有两件事可以分享一下。在第二集里，我们播出了村里举行的一次婚礼，整个村里都沸腾了起来，村民们都热情地杀猪、宰羊、忙活张罗。其实在婚礼的前一天，老麦忍着腿疼，挨家挨户地送请帖，这是义务帮忙。但很遗憾，因为最终片子时长的原因，我们最终没有剪辑和展示出来，否则老麦的形象会被塑造得更立体。

另外一件事就是因为新园村是一个黎族行政村，村里的黎族人口占比百分之九十九。所以，村民之间大多数都是用当地方言来沟通。我们第一次采访拍摄后，剪辑时因为这个问题而"吃了不少苦"。主要是因为黎族语言属于汉藏语系壮侗语族黎语支，除了当地人，我们几乎找不到能够听懂这些对话的朋友。另外，黎族语言在语意语序上与普通话也有较大的差别。当老麦得知这件事后，在之后的几次拍摄中，可以明显地感觉到在某一场合，他主动地用普通话进行交流和沟通。

目前阶段，老麦面临最重要的事，就是即将到来、但日期未定的换骨手术了。手术后的营养费、误工费、家庭的开销等的确还没有筹够，没有钱好像心里就没有底儿。但如果错过了手术的窗口期，又面临什么样的后果，老麦自己心里十分清楚。

麦贤顺种下的一批玉米收成不好，种的茄子虽然丰收了，但销路又遇到了阻碍。相比之下，种香蕉能够获得更多的收益，但风

图 1-5
《新园村里新生机》摄制组拍摄

险和投入都比种茄子、玉米高，为了一家老小的吃穿住行，还有自己一拖再拖的手术，老麦最后还是决定"搏一把"。我当时也劝过老麦，因为如果香蕉种植进行顺利，各方面都会有很好的预期，但是风险也非常高，尤其当时还处在疫情较为严峻的时期。但是老麦的手术等不了，最终还是选择了种香蕉。我也认为这既是一次机会，也是一次挑战。好在村里的火龙果田和兰花大棚可以让老麦有一部分集体分红的收入，在老麦与妻子和小舅子的齐心协力下，一家人也逐渐走上了产业发展的道路，生活也在慢慢变好。

作为导演，我实实在在地替老麦捏了把汗。这次的拍摄让我深刻地感受到，扶贫攻坚的任务虽然在过程中艰巨、繁重又千头万绪，但是能确定的是希望一定就在眼前。

攻坚日记

二

走出中岗村

扫码收看《走出中岗村》

（一）攻坚之路：梦花树前的承诺

重庆市巫溪县红池坝镇位于秦巴山区，距离重庆主城区 446 公里。这里坡陡，弯急，山路难行。交通难，产业发展难，让这里成为重庆市 18 个深度贫困乡镇之一。中岗村户籍人口 895 人，建档立卡贫困户人口就占 413 人。丁家美是中岗村 12 户尚未脱贫的贫困户之一。丁家美的家住在海拔 1300 多米的山腰上，有 5 亩坡地就在房前。由于早年在矿上打工，丁家美不幸患了肺病。曾作为家里的顶梁柱的他，如今却干不了重体力活。和丁家美一起生活的，还有他 80 岁的母亲刘古菊。让丁家美揪心的是，他的母亲刘古菊自打去年底就开始咳嗽，吃药也一直没见好。自从今年 5 月开始，丁家美的眼睛就出了问题，看东西越来越模糊，不仅胡子刮不干净，干农活也经常伤到手。2019 年开始，丁家美在村里的帮扶下种上了中草药玄参。因为玄参种上后不用怎么打理，丁家美每天的农活就是把家里唯一的一头猪喂好。随着视力下降，每天打猪草、做猪食的农活，也开始让丁家美感觉有些力不从心。丁家美的女儿丁申菊在镇上读初三，每半个月才回来一次。早年，丁家美的妻子因为家境贫寒离开了家，留下女儿由丁家美独白抚养。目前，丁申菊的部分生活费已由政府帮扶解决，除了国家每学期 625 元补助款以外，驻村第一书记还从原派驻单位为丁申菊争取了每月 300 的资助。由于家中缺乏劳力，一家三口的年收入也就一万元出头。因此，对于即将升入高中的丁申菊来说，生活和学习的开支依然是沉重的负担。

山高水长中岗村　脱贫摘帽硬骨头

　　李竣峰是由重庆市委统战部派驻到中岗村的第一书记，对口帮扶丁家美家。这天，李竣峰来到丁家美家，想劝他通过养蜂增加点收入，没想到丁家美和刘古菊都不乐意。丁家美认为自己本来眼睛就不好，也怕被蜜蜂蜇到，对此并不感兴趣。母亲刘古菊也觉得，养蜂组要技术比较难搞。见到此状，李竣峰立即表示，可以找村里专业养蜂能人陈自伦帮他们代养。然而，丁家美和刘古菊的态度仍然较为冷淡。无奈之下，李竣峰只能先行离开，让他们考虑几天再过来。

　　李竣峰刚离开，丁家美家来了客人，是刘古菊的二女婿，丁家美的二妹夫刘安培。刘古菊一共有 5 个子女，除了丁家美，其他子女都没在身边。二女儿一家在几十公里外的江口镇住。二女婿刘安培赶过来，就是为了说服刘古菊去镇上好一点的医院看病。没想到老人家很固执，不愿意去看病，惦记着即将回来的孙女儿。因为，这一天恰好也是丁申菊两周一次放假的日子。经过一番劝说，刘古菊终于答应坐车出门看病。丁家美本也想陪母亲看病，可是想到家里唯一的那头猪需要人照看，他决定自己留下来看家，让女儿丁申菊陪着奶奶去。刘古菊最疼爱孙女儿，特地换上了一身干净的衣服，等待孙女儿回来，陪她一起下山。刘古菊这次下山的目的地是 60 公里外的江口镇，江口镇的医院能做 CT 检查，是距离中岗村最近最好的医院了。出村子的路是前几年政府新修通的，虽然平坦，但是坡陡弯急，对刘古菊来说是个考验。由于路边山势陡峭，前一段又下了很长时间的雨，刘古菊搭乘的车遇上了山体滑坡。为

图 2-1
中岗村第一书记
李竣峰在走访贫
困户家的路上

了照顾刘古菊，原本两个小时的车程走了 5 个小时。这是刘古菊这
辈子出的最远的门，走的最远的路了。

　　这一边，李竣峰觉得丁家美不想养蜂，很可能是担心自己不
会养，他决定去找一下村里的养蜂大户陈自伦，看看是否可以由他
出面帮扶丁家美。陈自伦今年 33 岁，2008 年在江苏一家轮胎厂打
工，因工伤失去了一条手臂。2009 年回村以后，陈自伦从 30 多只
羊开始养起，每年稳定在 100 只左右的数量。除了养羊这部分收入
以外，现在他还经营着 200 多桶中蜂。早在之前，李竣峰发现陈自
伦年轻，又很有头脑、踏实肯干，很想让陈自伦成立一个养蜂合作
社，先从帮扶丁家美开始，逐渐带动其他愿意养蜂的贫困户。经过
了解后，陈自伦欣然同意了李竣峰的提议。李竣峰对这个计划抱有
很大的希望，并嘱咐陈自伦要建立好机制，跟贫困户谈好条件。陈
自伦表示这是互利共赢、共享利润的事情，自己肯定不会赖账，只
是对销路还存有疑虑。李竣峰告诉他，关键还是先要有产品出来，

销路问题可以通过自己的资源想办法解决。

这一边，终日咳嗽不止的刘古菊终于如愿看上了病。一大清早，母亲刘古菊在二女儿家人的陪伴下去了医院。刘古菊久咳不止的病情让二女儿有些担心。考虑到刘古菊下山一次格外不易，难得到大医院检查，女儿女婿的意思是把能做的检查都做了。因为长年劳作加上营养跟不上，刘古菊的身体格外瘦弱。二女婿忙前跑后却心情凝重，他担心刘古菊的肺部有问题。终于，检查结果出来了，刘古菊的病情并不是很严重，女儿女婿终于松了口气，脸上露出久违的笑容。家人们商量决定，刘古菊将在二女儿家休养上一段时间，再回中岗村。

初冬时节，丁家美开始有了盼头。因为，他家的桔梗终于可以收获了。除了玄参卖了 1200 元以外，桔梗是他今年唯一可以期盼的收入。中岗村海拔 800 到 2200 米，非常适宜种植中药材。桔梗祛痰利咽，中岗村不少农户都在种植。来到地里，丁家美发现他的桔梗由于疏于管理，收成似乎并不太好，有些失望。这边，在二女儿家休养一个月的刘古菊，这天回到了中岗村，咳嗽也好了很多。由于心疼儿子的身子，虽然刘古菊已经 80 岁的高龄，但只要见到地里有活儿，就闲不住。想到丁家美一共有两亩地的桔梗要挖，光靠丁家美一个人，不知道得挖到什么时候。于是，刘古菊偷偷来到地里，想着帮儿子尽快挖完好换钱。这天，桔梗还剩一点没收完，就有收购商上门收购了。丁家美决定先把这些桔梗卖掉。由于山路难行，收购商上来一次很不容易。所以，上门的收购价一斤只有 1.2 元。收购商转手卖到山下的开县，一斤便可以赚上 3 角钱的差价。算上刘古菊挖出来的那几斤桔梗，丁家美总共卖了 400 多元钱。钱虽不多，但至少可以略微改善一下他们的生活。

丁家美在忙着卖桔梗的同时，李竣峰也在走访村里的贫困户。

图 2-2
丁家美的母亲刘古菊去地里挖桔梗

他认为，要想让贫困户摆脱贫困，最根本的是要想办法发展产业来增加收入。而对于丁家美家里缺乏劳动力的情况来说，养蜂的劳动强度低，是不错的收入来源。通过一段时间的走访，李竣峰感觉到，丁家美家的困难需要有人帮他规划解决。因为，常年的贫困已经让他对现状有些麻木，始终觉得现状无法突破，这也是最大的问题。接下来的工作，李竣峰认为还是应该通过引导他干有效益的东西增强信心，如果不通过这种方法把他的信心重新激发出来的话，他以后不管干哪个产业可能都是三分钟热度。

这天一大早，为了劝丁家美养蜂，李竣峰带着养蜂能人陈自伦再次主动上门。由于丁家美家附近蜜源丰富，陈自伦承诺合作后的蜂桶就放在丁家美屋后，他只要做好简单的日常看护，每年就可以保赚不赔。经过陈自伦的亲自劝说，丁家美开始转变了态度。之所以要劝说丁家美养蜂，是因为政府对贫困户还有一个补贴政策，养一桶蜂补贴 400 元钱，一年最多可以补 10 桶，共计 4000 元。丁家美若是跟陈自伦达成合作一起养蜂，就可以利用补贴和自己的劳动入股陈自伦的十桶蜂。这样，三年下来，丁家美每年都能拿到固定的保底，赶上年景好的时候，还能拿到额外的分成。三年期满，蜂桶还能归丁家美所有。终于，丁家美也同意了养蜂。这一次，丁家美跟陈自伦初步达成了合作意向。

陈自伦走后，丁家美去屋后看了看蜂桶。望着飞进飞出的蜜蜂，他似乎依然有些顾虑，怕自己搞不定。第二天，丁家美直接找到了陈自伦，想谈一下具体的合作方案。他想知道跟陈自伦合作，一年下来到底能拿到多少收益。陈自伦表示，无论有无收入，都会保证丁家美每年有 1300 元的收入，一般情况下每年可拿到 2000—3000 元的收入，谈妥后可以签个合同都放心一些。养蜂的事情终于敲定了细节，丁家美每年至少可以增加 2000 元左右的收入。不过，对于丁家美来说，当下还是要抓紧看下眼病，这样更有利于他养蜂。为此，李竣峰联系了一下他的原派驻单位——重庆市委统战部，看能不能在义诊活动里，专门为丁家美增加一个眼科。

终于，李竣峰在重庆市委统战部争取到了支持。第二天，距离中岗村不远的茶山村组织了一场助力乡村振兴的公益活动，其中很关键的一部分就是义诊。义诊本没有设置眼科，这次为了丁家美，特地增加了眼科。可就在这个时候，李竣峰收到丁家美女儿的信息。丁家美因为要挖剩下的那一点儿桔梗，决定不下山参加义诊了。李竣峰随即到丁家美家了解情况，劝说他挖桔梗的事可以稍微放放，眼睛的问题拖不得。为了医治丁家美的眼睛，李竣峰这次好不容易从重庆市区请来了眼科医生为他看病，没想到丁家美却因为挖桔梗的事不愿耽误时间。第二天，让李竣峰感到很欣慰的是，丁家美还是按时来到了现场。此次义诊的医生主要来自重庆医科大学附属第一医院。中岗村距离重庆市区 400 多公里，开车要走上 8 个小时，医生们头天就已经就位，就为了活动当天能准时给村民们看病。经过问诊，医生认为丁家美的眼睛可能不会很快恢复，还需再去大医院进行检查。好在距离开春养蜂还有段时间，这让丁家美松了口气。这次举办的公益活动虽卖出了不少当地的农产品，但中岗村的产品品类和数量却比较有限，所以参与的村民收获并不多。李竣峰认识到，村里的产业太单一，还缺乏能形成规模的主导产业。养蜂只能解决像丁家美这样个别贫困户的问题，大部分贫困户脱贫还要靠发展主导产业来带动。

中岗村森林覆盖率很高，气温偏低，常年多雨。因此，山里面的野生菌类都很多，发展食用菌比较合适，还能在短时间内见到收益。这天，李竣峰和村支书刘永举正在村里走访，顺便给贫困户送更新好的明白卡。他突然接了个电话，之前联系的一家食用菌企业负责人赵俊明从重庆市区驱车 10 多个小时赶到中岗村。李竣峰想引进的食用菌叫赤松茸，种植周期只有 50 天，还有着很高的经济价值。因为不确定村里的环境是否适合种植，所以他邀请了重庆市区的这家食用菌企业负责人赵俊明过来考察。考察过程中，赵俊明发现这里的气候恰好适宜赤松茸一年四季种植，但是村里闲置的坡地却因为太陡并不适合种植。刘永举也认为，附近人烟稀少、野猪出没，发展食用菌产业有一定的风险。虽然这一次考察没能找到合适的地块，但确定了气候和环境适合。这让李竣峰看到了希望，不管怎样都要想办法推动产业发展，地应该不成问题。到了晚上，他决定在村里召开一个院坝会，调动一下村民们的积极性，听听大家对种植赤松茸的意见。大家七嘴八舌讨论了半天，每个人的想法都不同。最终，在李竣峰的建议下，大伙初步达成了意向，准备一同去李竣峰之前联系过的一家位于重庆市区的培植基地考察。

背着饲料要修步道　书记帮忙协调矛盾

散会后，一位村民在会议室门口把李竣峰拦了下来。单独找到李竣峰的是中岗村尚未脱贫的贫困户刘古应，他家住在中岗村海拔 1300 多米的山上，山路难行，他曾经到村委会反映过，期盼着让村里帮他修一条通往家门口的车行路。刘古应今年 66 岁，前些年，儿子刘永何结婚，为了凑上十几万元的彩礼，东拼西借，生活变得窘迫。后来儿子又离异，带着孙子在万州餐馆打工。现在山上的农活儿全靠老两口打理。刘古应和老伴林更足在家里养着 11 头猪，需要的饲料算起来不少。由于自家种的玉米不够，每次刘古应都要在山下买上 150 公斤玉米和 50 公斤猪饲料。老两口一次只能背上 50 公斤，要背四次才能背完。山路陡峭难行，每周要背两次饲料，一个月内老两口有八天都是在这样的山路上负重前行。

这天早上，刘古应老两口买了饲料后，11 点前开始往山上背，走了两小时，还不到半山腰。两公里的山路，歇歇停停，老两口走到了下午 3 点，终于抵达山上的老房子。常年负重走山路，使得刘古应的脚踝有些肿胀，腿、脚都不太好，已经是老毛病了，光是在医院看病就没少花钱，这也增加了他和老伴儿的负担。天还不亮，刘古应和老伴儿就已经起来给猪准备饲料了。他们要把背上山的玉米磨成粉，拌着煮熟的红苕和饲料喂猪。饲料不便宜，刘古应精打细算到了每一斤。

刘古应年轻的时候当过兵，早些年还当过村干部，能吃苦，之前住在山上一直能够自给自足。可儿子结婚，筹彩礼，家人又看病，入不敷出，成了贫困户，这让他觉得很不甘心。为了摆脱贫困，刘古应先是养了一头母猪、十头小猪来扩繁。山上空气好，又有场地，刘古应还开辟出了一块地搞散养，他觉得散养出的猪肉质量好，价格还能卖得更高些。山上除了养猪，刘古应还种着七亩党参。党参和玄参、桔梗一样，都是中岗村的中药材扶贫项目。一公斤30元到40元的价格听起来似乎不错，可党参是多年生的中药材，刘古应要种上六年才陆续有收获。一亩地三四千元的收入，平均到每一年也就600多元。虽然刘古应种上了党参，却没有收购商愿意走山路上来收，也只能自己一趟趟地背下山去。在刘古应家附近，因为交通不便，山上原本的几户人家，有几家已经搬到山下去了。刘古应已经沟通好，利用搬走几家的自留地来发展产业。对此，他有信心。眼下，对于刘古应两口子来说，当务之急是能有一条通往自家门口的车行路。有了可以走摩托的山路，刘古应的种养产业才会尽快有起色。

刘古应修路的诉求，李竣峰一直惦记在心。然而，修路不是一笔小投入，村集体目前能协调的资金有限。他从村里得知，按照中岗村的脱贫攻坚规划，可以先落实一条0.8—1.2米宽的人行步道通到刘古应家。李竣峰决定上山找一下刘古应。人行步道可以通到刘古应家，但是李竣峰希望修一条大伙都能受益的上山路，这样脱贫致富才更有希望。毕竟刘古应家附近还有别的农户，如果可以绕行一下，便可以照顾到其他村民。但是这样就会延长出70米山路，可修路的预算有限。暂别刘古应后，李竣峰找到了承接修路的村民刘永轩。对于李竣峰讲的修路的事情，刘永轩没有正面回答，只是说现在很忙，没空儿。于是李竣峰就拉着刘永轩去了刘古应负重行走的那条山路，讲起了村里下一步的规划。李竣峰表示，希望刘永轩修这条路少赚点，修成之后会有个好口碑。况且，将来村里的食用菌产业都在山上，所有人都会受益的。刘永轩虽然不是很情愿，但觉得第一书记说的也在理，便答应了下来。

但是在勘察地形时，又遇到了新的问题。计划延长的70米山路，要经过村民罗正举家的坟墓，而罗正举人还在新疆打工。通过打听，他家的邻居周荣清在村里，可以打电话来协商这件事。于是李竣峰便拉着刘永轩来到了周荣清家里。听到村里修路要动他家的祖坟，电话那边的罗正举马上显得情绪有些激动。刘永轩赶紧解释，这次修路并不需要迁坟，只是从坟前绕过两三米，挨不着坟地，并且修好路以后，村里能好好发展种植产业，对大家都是好事。听罢，罗家紧张的情绪显然放松了，并表示了支持。通过多方交涉，修路的计划终于可以落实了，李竣峰心里的石头落了地。他回村和村干部们商量后，把修路开工的日期告诉了刘古应。

图 2-3
2019 年 冬，第一书记李竣峰（右）在给贫困户刘古应（左）讲解扶贫政策

刘永轩这边忙着修路，李竣峰和村干部们也没闲着。因为过完春节，就到了食用菌栽培的最佳时节，大伙决定赶紧到李竣峰帮着联系的食用菌基地去考察一下。刘古应种党参有经验，李竣峰也邀请上了他，可以一起出出主意。一行人来到位于重庆九龙坡区的一家食用菌种植基地，基地负责人赵明俊接待了这批中岗村来的客人。经过赵明俊的讲解，村民们了解到赤松茸生长周期短，一茬可以采收三四次，并且卖价还高，这种菌菇一下就引起了大家的兴

趣。但当基地负责人赵明俊提到，赤松茸的前期投入成本相对较高，一亩地将近 7000 多元。村民们一下子又担心了起来，现场变得有些沉默。经过沟通，李竣峰希望用收益来抵掉前期的一些成本，但基地的负责人对此并不认同。无奈，一行人只好先行离开，再想想办法。在吃饭的间隙，李竣峰和村干部们拉开了话匣子，商量起了赤松茸的产业。李竣峰认为，帮助村民致富最主要的还是发展产业，接下来就要把这个事情落实了，不能出来参观一下别人搞得好，回去就算了。他觉得认定一个方向后就要开始坚持干起来。然而，中岗村党支部书记刘永举则认为，应该先搞一个专业合作社，把它建起来有了效益以后再发展到农户，这样更为稳妥。其他村民们也同意，认为一下子进十几万的菌包不太现实，也争取不到那么多产业资金，不如就先买一部分搞个示范。

考察结束后，李竣峰没有和大伙返回村里。趁着这次来重庆，他又联系了当地最好的眼科医院，惦记着为贫困户丁家美看眼睛的事情。一系列检查结束后，眼科专家给出了结论。丁家美的眼睛是视神经问题，原因可能是供应视神经的血管有些问题。医生安慰丁

图 2-4
2019 年冬，第一书记李竣峰带领村民去食用菌培植基地考察

家美，平时改善一下伙食，吃得好一些，增加营养，再多注意休息，后期对改善视力有所帮助。了解到只要遵从医嘱，眼睛就不会继续变坏，丁家美宽慰了许多，再想到养蜂的劳动强度也不大，便更有了养好蜜蜂的信心。

房屋步道皆修好 村民干部尽欢颜

立夏时节，重庆市巫溪县白天的气温大约 28 摄氏度，海拔 1300 多米的中岗村温度还很低，建档立卡贫困户丁家美的女儿丁申菊正帮着体弱多病的奶奶熬药。多年前，丁家美妻子离家出走，他和母亲把女儿拉扯大。现在住的房子是 45 年前建的，土木结构，房梁由木头构建，房顶由老式瓦片覆盖，因年久失修，房屋四处已经破旧，土坯的墙脚也到处是窟窿。能重新修缮房子成了一家人最大的期盼。第一书记李竣峰和村支书刘永举，近些天正为丁家美修房子的事情忙碌。仔细查看完房子几处危险的地方，村支书觉得这房子确实需要尽快维修了。返回村委会后，村干部们商量着修房子要多少钱，但这笔费用从哪来？丁家美自己家肯定是出不了，全家一直靠种植六亩多地中药材生活。被识别为建档立卡贫困户后，丁家美有一个公益性岗位工资，加上低保金，一家全年人均收入约 5000 元，根本没有多余的钱，这也是多年来没修房的原因。然而，易地搬迁和危旧房改造有着严格标准，丁家美家的住房达不到危房标准。好在 2019 年巫溪县有了一项新政策——旧房整治提升工程，把像丁家美这样的贫困户纳入范围，修缮房屋的资金就此解决了。

五一假期，村干部们带着工人和材料赶到了丁家美家。80 多岁的刘古菊高兴地给女婿打电话，讲家里修房子的事。临近中午，

15 岁的丁申菊开始张罗着做饭。自从她 8 岁开始便懂得帮奶奶做一些力所能及的家务事。奶奶特地嘱咐孙女，修房子是家里的大事，工人们也干得辛苦，把他们平日吃的主食土豆换成了白米饭，还拿出了春节保留到现在的腊肉。五个工人经过 3 个半小时的努力，中午 12 点半，丁家美家的房子全都修缮好了。这回一家人再也不用担心住房的安全问题了，晚上睡觉也不会担心刮风下雨了。赶上了饭点，母亲刘古菊，一直在挽留工人和来帮忙的李竣峰等人在家吃饭。拗不过老人，李竣峰和村干部们只好留下来。20 世纪60 年代，刘古菊和丈夫盖起了这个老屋。丈夫 20 年前去世，这房子近五十年都没有这么大修过。这天刘古菊特别开心，张罗了款待贵客的四道菜来表达谢意。

下午 4 点，同村的陈自伦找上了家门。按照红池坝镇中蜂产业发展规划，不少建档立卡贫困户都因养蜂增收。丁家美从 2018 年底开始，跟村里的养蜂能人陈自伦学养蜂。开始，丁家美怕被蜜蜂蜇、不敢养，在跟着陈自伦学完如何防护的基础上，现在又继续学习如何找蜂王。然而，刚刚找好赚钱门路，丁家美今年初被确诊为小脑萎缩，有时会摔倒，养蜂变得更加困难。丁申菊知道，养蜂的收入对家里有多重要，周末在家的时候，她就跟着陈自伦学养蜂技术。丁家美每年 9 月初取一次蜜，产出的蜂蜜都会被陈自伦收购，不用担心销路问题。正常的年景，10 桶蜂一年产出约 90 斤的蜂蜜，售价可达到 1 万元左右。

这一边，与丁家美家隔山相望的建档立卡贫困户刘古应这些天特别开心，因为一条水泥路终于修到了他家门口。这条去年刚刚修好的路，给住在山上的几户村民带来了很大的便利。路修通了，刘古应和老伴儿下山背饲料再也不会深一脚浅一脚了。李竣峰告诉刘古应，这条路是借助红池坝镇的脱贫攻坚规划中县财政局给的资金，全镇总共就 50 公里，其中给了中岗村 5 公里。就这样，一公里的泥土路被硬化成了一米宽的水泥步道。解决了村民出行难的问题，但第一书记李竣峰的压力并没有减轻。

奶奶离世忍悲痛　孙女励志求学路

六七月正值汛期，重庆至长江中下游地区遭遇强降雨，水位上涨。重庆市巫溪县气象部门发布暴雨红色预警。强降雨导致巫溪县多个村庄有房屋倒塌，从县城通往各乡镇村屯道路损毁 300 多处，产业损失大，3 万多亩玉米、马铃薯等农作物受灾，贫困户经济损失 2727 万元。此轮暴雨强度大、范围广、损失重，并且强降雨天气还将持续。重庆市巫溪县红池坝镇中岗村，建档立卡贫困户丁家美家门前的院坝也被冲塌。

7 月，丁申菊将迎来中考。父亲丁家美并不担心女儿的学习成绩，因为她在整个年级一直排名前三。跟很多同学不一样，丁申菊的梦想并不是考上巫溪县最好的高中，而是去离家最近的尖山镇读高中。舍弃更好的选择，主要是因为牵挂着体弱多病的父亲以及年迈的奶奶，想多回家照看他们。自从 2017 年丁家被识别为中岗村建档立卡贫困户之后，就再也没有担心过女儿的学习费用。丁申菊不仅一直享受着免书本费、免学杂费的优惠政策，并且寄宿生每学期还有 625 元的补贴。"两免一补"的政策让家境贫寒的丁申菊也能够安心读书。

就在门前院坝被冲垮的前几天，80 岁的刘古菊突发急病，抢救无效去世。这段时间，丁家美不愿待在屋里，一有时间就去地里干活。母亲的突然离世，让丁家美一家蒙上了阴霾。老人是家里的主心骨，如今只剩下丁家美和女儿丁申菊相依为命了。这天，在红池坝镇小河中学读书的丁申菊特意请假。按照当地的习俗，她需要赶回家，给奶奶烧头七纸。从学校到家里有 17 公里山路，坍塌的地方有 60 余处，没有车辆能够通行。丁申菊只能靠步行，一个人走了 4 个小时才到家。一回到家，丁申菊发现姑姑丁家碧、姑父刘安培等都在等着她，伤感突然涌上心头。简单的祭拜，却寄托了家人对刘古菊的哀思。

山高雨大，寒气渐渐侵入了屋里。从江口镇赶来的妹夫刘安培来到了正在生火的丁家美身边取暖，想顺便劝丁家美检查身体。刘安培希望的是，丁家美能够和他下山去看病，把自己的身体养好，为女儿以后考虑，不要像老母亲这样猝然长逝。但丁家美却又以要检查玄参为由缓几天再考虑。丁家美如今已经 60 岁，身体多病，经常咳嗽发烧，年前又被确诊为小脑萎缩，身体协调性逐渐变差。以前还有母亲能照顾他，现在母亲去世了，女儿又在学校上学，最让家人担心的，就是丁家美的身体。丁申菊也更加担心父亲自己一人在家会喝太多的酒。

当天下午 2 点，原本想带着丁家美下山检查身体的刘安培夫妇，再也不敢等了。他们住在重庆市云阳县江口镇，距离中岗村有近 40 公里的山路，为了安全，必须赶在天黑前下山。女儿丁申菊还有十几天就要中考了，想到学业不能耽搁，丁家美催着女儿赶快回学校，而丁申菊却想着把父亲的生活安排好。临回学校前，丁申菊独自蹲在门口的梦花树前。由于没人照料，梦花树生出了不少虫子。丁申菊也有自己的心思，本来选择尖山中学就是为了常回家看望奶奶和父亲。之前在学校，她心里就一直惦念着奶奶，怕她在家感到孤单。到了现在，丁申菊依然对奶奶的离开无法释怀。下午五点，如果再不下山，丁申菊就赶不上晚自习了，丁家美这才赶紧请同村的唐忠敏骑车送女儿上学。

　　丁申菊的学习成绩一直是班里前几名，没有选择报考巫溪县中学校，老师们觉得有些遗憾，但也尊重丁申菊的想法，因为知道她之前曾做过很大的思想斗争，到最后却没有更改自己的志愿。端午节这天，从来没有接送过女儿的丁家美打算走下山，接女儿回家。丁申菊身世很特殊，丁家美并不是她的亲生父亲。15 年前，丁申菊三个月大时，一直没有孩子的丁家美，从邻村亲戚家把丁申菊抱了回来，一口一口喂养大。15 年的时间，女儿长大了，成绩好又懂事，什么事都不让自己操心。一直以来，丁家美最自豪的，就是自己的女儿。如今，长大了的丁申菊也逐渐理解了父爱的伟大，她在课上朗读了自己的作文《最美家书》，文中丁申菊勇敢地透露出自己独特的身世，她在字里行间都表达着对丁家美养育之恩的感激之情。

　　连日大雨，不仅造成了道路中断，还使赤松茸产业遭到了不小的损失。李竣峰在查看了丁家美家门口的塌陷之后，急匆匆赶往高山上的赤松茸试验田。李竣峰主导的赤松茸试验田在海拔 1600 多米的山上，地势又高又险。每到天一放晴，李竣峰和村民唐忠敏

图 2-5
丁申菊和家门口
的梦花树

都会赶往试验田看赤松茸。自 2020 年 4 月，李竣峰带领两户建档立卡贫困户，投资 1.5 万元，建起了一亩多的赤松茸试验田，赤松茸产业也一直承载着李竣峰带领乡亲们摆脱贫困的梦想。然而，三个月的努力，收获不大。连日大雨不仅使得菌包的出菇量没达到理想水平，还使得很多新生的菌丝被雨水泡烂生虫，长势十分不好。原来预计亩产能达到 1800 斤，现在看来这个目标实现不了了。看到这些景象，农户唐忠敏对赤松茸产业产生了疑虑。李竣峰仍旧鼓励唐忠敏要坚定信心干下去。

山洪突发红池坝　灾害难倒产业路

7 月，重庆市巫溪县进入汛期，遭遇多次强降雨天气，多个乡镇出现山体滑坡和泥石流灾害。7 月 15 日，巫溪县气象局发布暴雨红色预警，从凌晨 3 点开始的紧急撤离一直持续到早上 7 点。暴雨引发的山洪泥石流，导致与中岗村相邻的大河村受灾严重。大河村支部书记李宁，在洪水退后，立即进入受灾村民家里查灾查险。经过检查，李宁发现一些村民的住房面临严重的损毁，原本即将脱贫的家庭再一次陷入了贫困。冲进屋里的泥沙有半米高，把村民家里刚收的土豆等粮食掩埋了。灾情发生时，大河村断水、断电、断路。第一书记李太琼和村党支部书记李宁、驻村工作队员李炳林赶去受灾最严重的大河村一社，打算将里面的 9 户 23 人撤离到安全地带。当时泥石流下来的时候，开车的水电站职工逃出来了，但是他的车报废了。山洪暴发，大量巨石滚落，这里的 9 栋房屋，有 8 栋被洪水冲垮成为危房，无法居住。一进村，李太琼向受灾村民收集户籍信息，以便后续灾后救助使用。很多村民的住房都遭到雨水的浸泡，几乎所有粮食、衣物、被褥都被浸泡或泥沙掩盖。一些村民们舍不得离去，想在泥沙里再找回一些衣服、被褥和粮食。李太琼认为雨情还没稳定，这里还十分危险，便努力劝说村民尽快离开。走访劝说了两个多小时后，有两户村民跟着李太琼回村办公室，剩下的 7 户去山上的亲戚家住。最终，9 户村民全部得到撤离。和大河村不同，渔沙村的扶贫产业在这次灾害中遭受重创。今年，渔沙村专业合作社组织 86 户贫困户种植了 450 亩辣椒，年初刚种下的辣椒，受灾面积达 150 亩。眼下，灾后自救是头等大事。许多农户家种植的辣椒由于长期被雨水浸泡而大面积的倒伏，未来的产量将直接受到影响。

图 2-6
红池坝镇道路被
山洪灾害摧毁

中岗村比渔沙村的海拔高出不少，即使这样，在此次灾害中，年初村集体种植的辣椒也没能幸免。100 亩辣椒，有近 30 亩绝收。这是中岗村村集体投入将近 10 万元发展的产业项目，原打算这部分收益用于完善村基础设施建设，这次灾害让村集体损失不小。中岗村支部书记刘永举和村干部们商量，看能不能在近期找一个新的增收产业，来挽回损失。刘永举的提议是建一个食用菌大棚，多次外出考察经验让刘永举坚信，食用菌产业是一个收益高、销路好的产业。另一边，中岗村不仅辣椒大面积受灾，第一书记李竣峰正在试种的赤松茸产业，本应是丰产期，如今却同样遭受了损失。因缺乏经验，村民唐忠敏开始种的时候，土壤就盖厚了，加上连日的暴雨冲刷，上面厚厚的土层产生板结，很难出菇。为了让唐忠敏的试验田能挽回损失，李竣峰帮他联系到一个食用菌厂家，叫他再去学一学食用菌种植技术。唐忠敏去学技术的同时，李竣峰还是不放心，他去了趟镇政府，找到红池坝镇人大主席刘永松寻求帮助，希望能够请县里的农业农村委的技术人员来现场指导。2019 年，李竣峰通过原单位重庆市委统战部为中岗村争取到 45 万元的产业项目资金。但是，由于审批严格，这 45 万元一直在镇政府的账上没能使用。如今受灾后，李竣峰就想让这笔资金尽快派上用场。于是，李竣峰再次和刘永松提起了此事。刘永松对赤松茸产业表示了支持，但是由于资金量大，审批还需要一定的时间。因此，刘永松建议他不如先申请一部分资金用作基建，这样就更快一些。听了刘永松的建议后，李竣峰心中的石头才落了地，中岗村的食用菌产业也将逐步推进。

这天是丁家美的女儿丁申菊中考的最后一天，也是丁申菊完成九年义务教育、迈向高中阶段的关键起点。毕业了，住校三年用的行李、物品都要打包回家，丁申菊和几个同学拼了一台车。丁家美没能去接女儿，因为他要赶着难得的晴天，抢收土豆。但是，由于今年的雨水量大，土豆长得并不好，产量低个头小。但丁家美已经很满足，因为土豆是他们家的主食。如今的丁家美稍做一点体力活就会头晕头疼，每天都要按时吃药。因为这点，女儿丁申菊一直心疼着父亲的病痛。7月23日，巫溪县中考成绩公布，作为优等生的丁申菊这次只考了622.5分。由于奶奶离世、父亲病情加重的关系，这次考试对她而言成绩并不是很理想，但还是能上县里最好高中的实验班。要上高中了，丁申菊可以享受到每学期免书本费200元、免学费400元、助学金1500元的国家政策。得知女儿的成绩不错，丁家美非常开心。但他的身体突然出现问题，头晕不止，在家里实在熬不下去，不得不住院治疗。雨水终于退回了，丁家美的家却被暴雨冲塌了路基。村干部们了解后，赶着晴天即刻过去帮丁家美修缮了垮塌部位，以免住房受到影响。

入学缴费难筹款　众人合力助上学

白露时节，重庆市巫溪县红池坝镇的玉米大部分成熟，中岗村建档立卡贫困户丁家美，每天最关心的事就是家里的一亩地玉米，隔三岔五都要去拨开玉米棒，看看何时能收。这片玉米地在海拔1300多米的地方，播种时气候凉，成熟也就比山下的玉米要晚半个月左右。丁申菊已经上了高中。根据国家政策，丁申菊可以享受到"两免一补"政策，但学费需要自己先垫付1400元钱，后续再作退回。然而，凑足这1400元钱却难倒了父亲丁家美。李竣峰考虑到丁家美住院花了1600元还没有报回来，就想拉着他先去合作社务工通过采辣椒赚些工钱。经过一番劝说，丁家美开始并不太想去采辣椒。但转眼想到，村集体经济产业的收益分红短时间内到不了手，丁家美还是答应了下来。按照之前约好的时间，第二天一大早，李竣峰便来接丁家美前往中岗村的辣椒基地。丁家美晚到了20分钟，看到大家刚摘了一点，便跟他们说笑了起来。观摩了一会儿，丁家美决定开始上手和大家一起干活。合作社负责人周昌勇想让丁家美和其他贫困户一样，加入合作社一起发展辣椒产业，解决他的就近就业问题。合作社里务工的人整体年龄偏大，最大年龄有 70 多岁，最小年龄也有 50 岁。务工的活本身没有多累，周昌勇表示可以根据自己的体力，能做多少做多少，不像在其他地方务工那样严格。但是，没干多久，丁家美就体力不支了，腰和眼睛都开始受不了。饷午的太阳晒得丁家美开始头晕。为避免更严重的情况出现，李竣峰赶紧让丁家美休息。最终，由于身体的原因，合作社务工的事也没能成，丁家美所有的希望又回到了那片玉米地里。

李竣峰从村民那里了解到玉米没熟也能卖，而且比卖晒干的玉米粒还要划算。作为当地的传统作物之一，玉米成熟了之后晒干作为饲料喂猪，但是没熟透的，也有作为青贮饲料喂羊。种了一辈子玉米的丁家美，今年既没有喂猪也没有喂羊。也许提前卖掉玉米的办法能够及时帮丁申菊解决一部分学费。想到这里，李竣峰赶紧通知了丁家美。这天，丁申菊放假来到地里帮助父亲一起砍玉米。了解到这些玉米并不能卖多少钱，丁申菊的内心有点失望，担心父亲因为学费的事情太过劳累。这段时间，女儿的学费正是丁家美最

图 2-7
第一书记李竣峰带丁家美去摘辣椒

愁的事情。但是他知道的是，只要自己加快砍，赶紧卖了这一亩地的玉米，学费就能凑齐了。终于，通过几天的劳动，地里的玉米一共卖了 600 元，学费的事情暂且可以缓一缓。到了晚上，丁家美询问起了女儿在校的生活。得知丁申菊在学校吃得不错，能照顾好自己，心里也宽慰了许多。次日，丁申菊准备离家去学校，丁家美起身走回里屋，拿出手里全部的现金，交给女儿。玉米只卖了 600元，摘辣椒 10 元，一共 610 元，再加上丁家美刚收到的公益性岗位的固定工资 700 多元，凑齐 1400 元。凑足了孩子学费，丁家美心里很踏实。临走前，丁申菊仍旧和往常一样，反复嘱咐父亲保重身体。

灾后重建新产业　承包业主何处寻

白露节气前后，重庆市巫溪县红池坝镇高温持续，当地发布森林火灾红色预警。中岗村建档立卡贫困户丁家美，2019 年底获得了生态护林员的公益性岗位，这段日子，他每天都得进山巡视。秋末时节，来山上采野果子的村民们较多，丁家美不停地嘱咐他们，不要吸烟，不要使用明火。每巡一次山，丁家美要走 10 公里山路，已经 60 岁的他得用上半天时间。但是，每个月 700 多元的收入对他的家庭来说十分重要。因此，他十分珍惜这份工作。

中岗村有辣椒这一产业，受洪灾影响的 30 亩地辣椒，经过乡亲们挖排水沟、扶苗和病虫害防治，还是抢救回来不少。经过及时的灾后自救，产业基地的辣椒大部分红遍了枝头，年初投入的 10万元，预计能卖回 7 万多元，亏损 2 万多元。对于村集体经济亏损的产业损失，村支书刘永举认为还是应该通过建食用菌大棚，用食用菌产业来弥补损失。2018 年中岗村就筹划发展食用菌产业带动

图 2-8
生态护林员丁家
美在巡山

村民增收。2019 年，李竣峰争取到了 45 万元的扶贫专项资金，终于在今年 9 月破土动工。

　　食用菌大棚骨架搭建好后，红池坝镇产业组成员来到现场检查工程质量。检查过程中，产业组成员刘吉振突然发现了安全隐患，建议李竣峰和刘永举将大棚的焊接点都涂上防锈漆，并将支柱进行水泥浇灌加固，以免出现损坏。45 万元资金申请下来不容易，建起来的 9 栋大棚必须保证质量，才能保障贫困户得到收益。按照原本的进度，大棚已于 15 天内完工，并且第一批价值 25 万元的香菇菌棒也已预定完成。但是该让谁来先种呢？村支书刘永举和第一书记李竣峰观点发生了分歧。刘永举想让从外地务工回村的年轻人承包，他觉得年轻人脑子活有动力。通过有志青年的带头示范，把方案研究出来后再带动周围村民加入。而李竣峰此刻想的是，应该承包给有经验的踏实肯干的村民。对此，李竣峰心里有三个人选。

　　李竣峰的第一个人选是陈立英，考虑到她本身有种植赤松茸的经验。并且，由于长期在外面打工，陈立英接收新技术新经验的能力也更强。找到陈立英并说明来意后，她还有些犹豫。于是，李竣峰开始给她分析承包的好处。李竣峰劝说道，头一批投入的 25 万元菌包可以先由村里出钱置办，等以后产业做起来再还这笔钱。李竣峰这么做的目的，也是为了更好地督促带头人对赤松茸产业负责，能够做出成绩。然而，陈立英的顾虑在于销路问题。她之前就种过赤松茸，半亩地收了 600 多斤。但是，由于村里交通不便，一直都没能卖出去。李俊峰表示销路问题他可以通过单位联系帮忙，想办法让学校进行采购，不需要太过担心。

李竣峰的第二个人选是村民唐忠敏。通过之前的接触，李竣峰认为他做事心细认真。之前，唐忠敏曾做赤松茸失败了，但是他心态却很好，因此李竣峰觉得他更容易成功。这天，李竣峰找到唐忠敏，劝他再次参加赤松茸产业，并表示可以与菌包厂签保证书来确保后续的技术指导。但因为之前有过失败的教训，唐忠敏觉得签保证书也未必有用。无论李竣峰怎么劝说，唐忠敏的自我保护意识还是很强，想承包又不愿承担风险。此时，李竣峰想到第三个人。开创新的产业需要有新人来带动发展，周昌茗作为村里的年轻人，有活力有冲劲。通过沟通了解，周昌茗对种植赤松茸的态度很积极，当场同意了李竣峰的计划。

经过几天的走访，三个人到底谁承包，李竣峰心里也没谱。考虑到食用菌产业有好的发展，村干部们专门召开村民代表大会进行公开讨论，几位候选人也到场参加。会议期间，唐忠敏仍旧对种植赤松茸的产业充满了质疑，提出了许多尖锐的问题。这期间，村书记刘永举一直在耐心向唐忠敏解释，但他仍对此充满了质疑。唐忠敏提出的问题直指要害，也让在座的村民代表陷入了沉思。刘永举表示，如果找不到业主，大家都不愿承包大棚的话，那只好由村里把这个产业搞起来。一听说村里想要自己搞，村民们着急了。中岗村 9 个食用菌大棚一年能产出约 15 万斤鲜香菇，预计销售额 75

万元钱，扣除各项成本，还能净赚 12 万元。这样的收益对乡亲们来说还是很有吸引力的。不久，周草林、唐忠敏、陈立英和周昌茗纷纷提出愿意承包。看着大家争当业主，有着经营管理经验的辣椒产业合作社理事长周昌勇，给大伙儿提了醒：种植赤松茸在技术和产量等方面都需要实地经验，建议大家在咨询和全面考察后再做决断，不要轻易签协议。原本只想选一个人承包，却有四个人竞争。最终，村干部们商定将候选名单上报给镇产业组，经考核确定承包人。散会后，唐忠敏独自一人走进了食用菌大棚，他希望自己能胜出。虽然业主最终还没确定，但李竣峰知道，不管谁来承包管理，只要食用菌产业发展起来就可以很快带动贫困户就业增收，这样就有了盼头。

这一边，丁家美的玉米已经收完，家里也没有其他农活。巡山间隙，他也采一些中药材，打算卖了当作女儿的生活费。这时，电话里传来了好消息，女儿丁申菊减免的学费已经退回，但是要拿家里户口本审核确认后再取款。

图 2-9
中岗村正在建的
食用菌大棚

菌包进棚不勤管　村民承包再相争

节气霜降过后，中岗村的食用菌大棚已顺利搭建完成，首批一万个菌包已经进棚。经过公开的评议讨论，村民周草林最终成为9栋大棚的承包人。34岁的周草林懂市场又有经营头脑，建大棚流转的土地一部分是他家的，村里考虑包给他更合适。

食用菌大棚种香菇一个多月以后，重庆市农科院专家联系第一书记李竣峰，表示想来村里买农产品。李竣峰很高兴地向他们推荐了村里正在生产的香菇。可是，一行七八个人转了一圈，只采了两斤多香菇。经过观察，这些学农出身的专家们，一眼就发现了问题。董鹏认为，发第二茬菇的时候，采完每个包至少需要注水到3.2斤，就现在的情况看，每个菌包最多只可能注了一两斤水，注水量显然达不到标准，可能是管理出了问题。李竣峰听罢有些着急，他想知道难道是因为周草林不懂菌包缺水，所以很难长出香菇吗？看到大棚里死气沉沉的样子，李竣峰随即想找到周草林问问情况。经过四处询问，李竣峰发现周草林同时做着很多事情，根本忙不过来。于是，李竣峰决定自己先开始动手，能泡多少是多少。可他发现，大棚竟然连水管都没有，更何谈注水呢？无奈之下，为了防止菌包感染影响到菌丝生长，李竣峰决定先把几个水盆清洗干净。正在这时，唐忠敏过来查看大棚情况。唐忠敏很想承包大棚，但落选了。李竣峰心里清楚，唐忠敏不甘心，还想争取。借着机会，李竣峰表示周草林可能一个人忙不过来，想找一个专业管理的合伙人一起干，这引起了唐忠敏的兴趣。

下午，周草林从外面赶回村里。李竣峰特别想知道，周草林为什么不浇水。两人经过沟通，周草林解释的是为何不浇水的事，李竣峰强调的是他对大棚不上心，不按技术标准管理。其实，周草林并不愁出菇。菌包进棚的第一周他就给足了水，一下子长出来2000多斤的香菇。可惜最后没卖出去，白白烂掉了近1000斤。看到此景，周草林再也不敢浇水了。村里之前和周草林口头约定，建好大棚后，提供菌包、水电路，包括冷库和烘干房。可是村里给的烘干房周草林并不想用。第一批香菇采摘了2000多斤，损失了一半，这段时间虽然不洒水，但是会陆续出菇。为了减少损失，周草林自己买了一个小型又省电的烘干房，放在家里自己烘干香菇。接手大棚两个多月，香菇也没卖上钱，而周草林每年要交3万元的租金和第一年12.5万元的菌包费，他也憋了一肚子气。

产业基础设施不健全，周草林僵着不肯签协议。村集体预计收入3万元的租金和12.5万元的菌包费，现在来看根本没指望。村支书刘永举认为，承包人应该有契约精神。无奈之下，村干部商量着准备再寻找其他的承包人。中岗村的9个食用菌大棚，其中6个已经放入菌包和架子，另外3个还空着，唐忠敏就想再争取一下。听说村里打算增加承包人，周草林不干了。周草林表示，他只想一个人承包所有大棚，不愿意跟别人一起。一是因为自己前期

图 2-10
2020 年 11 月，已经放入香菇菌包的食用菌大棚

已有成本投入；二是觉得合伙干成本工资就得上升，更不划算。经过一番劝说，周草林心里并没有放弃的意思，他决定去找一趟刘永举。刘永举认为，周草林不把心思放在食用菌大棚上。但是周草林此刻却关心的是，大棚还增不增加承包人。刘永举态度鲜明，因为食用菌大棚是村集体发展的产业，经历了一波三折，建起来十分不易，为了降低风险，村里这才有增加承包人的想法。和刘永举聊完后，周草林意识到自己的责任心还不够，他知道冷库还有十几天就要建成。李竣峰帮忙联系的收购商也谈妥了，他最担心的冷库和销售问题如今基本有了眉目，接下来他就可以浇水，让香菇迅速长出来。所以，他仍坚持靠自己来做。唐忠敏这边也在等待时机。他清楚的知道，自己能不能承包大棚，关键是村里的态度。不打无准备之仗，唐忠敏决定自己先走出中岗村，到附近的食用菌基地去学习。

如今，中岗村集体经济发展一波三折。年初种了 100 亩辣椒，遭遇山洪灾害损失惨重；9 月建的食用菌大棚，投资了 45 万元，这笔钱是第一书记李竣峰花了两年时间才申请下来的。周草林虽是村里能人、懂得经营。但他也经营着一个砂石场，家里在建着农家乐，现在又承包了村里的食用菌大棚，他是否有精力把大棚管理好呢？建好的食用菌大棚能否为村民带来好的收益？这些事情都等待进一步的推进……

（整理人：唐薇）

（二）使命担当：我在中岗村和菇的一段缘分

——第一书记李竣峰的使命担当

第一次想在中岗村发展食用菌是 2017 年 11 月的时候。当时为了给村集体合作社申报项目，我和合作社的法人一起在巫溪县城做资料。正好遇到同来做资料的一个合作社的法人，也是主要经营者吴启平，在私下闲聊的时候我大致了解了他做的食用菌项目。想到自从 9 月我们进村以来，红池坝镇连降暴雨，气候湿润，应该是比较适合菌类生长的。特别是通过一个多月对中岗村的走访，我发现村里农业产业发展最大的障碍是人均耕地少、林地相对较多，劳动力不足，而食用菌生长周期短、占地小、收益高、劳动占比少甚至部分菌种可以实现林下种植，这些优点正好契合中岗村的实际情况，就萌生了要做食用菌的想法。

这个想法的正式实施要到 2018 年了。红池坝镇决定大力发展村集体经济，并答应给每个村拨款 50 万元发展集体经济产业。这让我们的这个项目有了实施的基础。为了确保食用菌能实现全产业链落地，我们先是去了吴启平所经营的食用菌基地去看了他的生产经营情况。说实话，当时有些失望，据他所说，大棚因为前些天的暴雨被水冲毁了。因此我们到那里看到的只有一片狼藉。因为对他那里的情况不满我们也经人介绍顺道去看了在附近尖山镇做得全市有名的一家食用菌生产企业——"灵芝妹"。在"灵芝妹"那里我们却遭受了更大的打击。在那里虽然各种设施设备十分完整，各种运营也很健全，甚至我们还看到了他们采摘平菇的全部过程。可是"灵芝妹"却全无合作的想法，对我们的态度也十分冷淡，不管是问什么和聊什么她都没有两句话，这么看合作是全无可能了。

最后我们又只有把目标放在了吴启平身上。经过几次的交流，他也决定到我们村来看一下，是否适合发展食用菌，如果合适可以现场签约，这着实让我们感到此事可能会成了。按照我们之前的设想他去了我们村几个相对平坦可以实施食用菌大棚的地方，都还算很满意，并确定了香菇作为主要产品。我们最后就合作模式也进行了深入交谈。基本确定了村里负责建设大棚提供人员管理并出资购买菌包，他负责提供菌包、技术和销售。在一切都基本确定的时候，又出了新的问题。因为村集体的这笔资金要动用首先要经过产业组的评估，在我们提交方案供产业组评估的时候遇到了问题。产业组认为食用菌特别是香菇产业风险很大，并提出了三点质疑。一是市场已经饱和，我们现在进入市场风险很大；二是如果未来要建设菌包厂，镇上的山林不允许毁坏木料，运输成本高导致香菇的市场竞争力不足；三是合作商没诚意，不免费提供菌包，可能存在合作风险。为了满足产业组的要求，我们和吴启平进一步的进行了沟通。最后明确了香菇的保底收购价，确定了菌包由他从外面进来并保证采取固定价格而且首付一半，乃至让他保证第一批菌包保证出菇量，也就是确保第一批菌包村集体最低赚 2 万元。即便如此，镇政府依然觉得此事风险太大，因为吴启平除了承诺基本没有投入，对他的实力有些不信任，最后此事夭折。

虽然食用菌产业遇到了挫折，但是我从未想放弃过，中间我还到重庆去调研了香菇市场，发现重庆的香菇基本都是就近经营，而且只做春秋冬季。我们村有做反季的基础，通过统战部的同事，我联系了一家在重庆巴南做香菇的商家，他对做反季香菇也很有兴趣，我邀请他们到村里来进行考察，但在进一步洽谈合作细节的时候遇到了问题，那边只愿意以雇佣的身份过来做香菇，并可以提供一定的市场，但不愿意在这边投资。对他们来说过远的距离使他们觉得成本太高风险太大。如果他们不愿意投资那这个事肯定不可能过得了镇上。这事也就到此为止了。

经过两次的失败，我暂时放下了发展食用菌产业的念头，但在2019年的秋天，一个事情又点燃了我发展食用菌的热情。中央广播电视总台农业农村频道到村拍摄《攻坚日记》栏目，在和他们的交流中我了解到了大球盖菇（俗称赤松茸）这个产业的发展前景。为了全面了解这个项目，发展致富带头人，我带领村干部和部分村民到重庆的一个试点参观了那边发展的情况。赤松茸的产业收益可观，条件要求低，但是成本不低。为了让村民树立信心发展产业，我决定还是抓示范，让几个户先发展起来。我选择了两个有发展意愿的农户：唐中敏和陈立英。在今年克服疫情带来的各种不利影响后，两人一人种植了半亩地的赤松茸。受疫情影响，技术员只能网上指导，所以两户的种植结果也参差不齐。陈立英种植在海拔较低的林地里面，出菇情况很不错。唐中敏种植在海拔相对较高的地里，因为种种原因出菇不够理想。但两户都还愿意继续做实验，只是因为各自的原因今年暂时不能发展了。这一产业的曲折让我坚定了要找合作商的想法，不能让他们只卖菌包，不管生产。

香菇大棚的事我也一直没有放弃，在2019年我通过统战部协调市民宗委为中岗村争取了70万元的资金，其中45万明确用于食用菌大棚产业发展。为了确保这个产业的持续发展，今年我通过个人资源找到广东食用菌协会的一个企业家范海登，他在广西凤山县也有一个100多亩的扶贫项目，应该说实力还是有的。我通过与他沟通得知，他在重庆考察之后发现，重庆的香菇市场缺少大的龙头企业，还有很大的发展空间，因此他也想到重庆来发展。我们的想法一拍即合。但是他要求的大棚建设规模至少要有 50 亩以上，这样他才能保证效益。这个事就不是我们一个村可以做到的了，所以我们在和产业组及镇上沟通之后决定让他过来详谈。他专程从广西到了红池坝镇。在经过一番考察后，他觉得虽然红池坝镇的先天条件并不太好，但是有脱贫攻坚政策支持，加上反季的优势，这个产业还是可以做的。在与产业组及镇分管产业领导进行沟通的时候，镇上表达了很多顾虑。特别是镇上觉得没有足够的平地，大棚建设成本高风险大，让范海登一下子感到合作的问题很大，此次合作最后也就作罢。

在几番努力失败后，我借助中央广播电视总台农业农村频道《攻坚日记》栏目的关注，着力推动大棚产业落地。经过几次方案的修改，和与镇相关领导的多次沟通。9 月食用菌大棚建设正式开工，并于 9 月底迎来了吴启平提供的第一批菌包。在菌包进入后又遇到了新的问题，因为气候温润，香菇长得很快，而且是摘下后还要生长。本来第一天品质很好的香菇，第二天就会发黑开伞。本来好不容易联系的几个经销商，一见这样的香菇就纷纷拒收，导致了

图 2–11
李竣峰在村委会
通告栏前

几百斤的香菇都被浪费。为了解决这个问题，我又赶紧联系了市委统战部和市农委筹集了 10 多万元的资金为村集体修建了冻库，确保了香菇的品质，稳定了后端的供应。

从一个小小的香菇产业可以看出，在农村推动产业落地是十分不容易的，要统筹兼顾各方需求，要寻求合适的资源，最终能让产业落地也算我为中岗村铺下了一条稳定的致富之路，也算这三年取得了一个小小的成果。

（三）记录者说：美丽的中岗村

《走出中岗村》记录者说（一）

在黄葛树换上新叶的季节，我又来到了中岗村。这里地处秦巴山区，是重庆市深度贫困村，距离巫溪县城有近3个小时的车程。

这是我第三次来到中岗村，较前两次，中岗村有了很大变化：通往刘古应家的水泥步道已经竣工，平整的路直通家门口。老人家砍竹子、编扫把、清扫路面，感叹盼了多少年的水泥路终于实现，

图 2-12
刘古应家门口新修好的水泥步道

下雨天出门再也不必担心"跶扑爬"。老两口去年散养的母猪生了
9 头小猪，猪饲料虽然还是要靠人力背上山，老两口却有了盼头，
步子越走越坚定。

　　丁家美家的房屋年前还在纠结着换瓦，新年伊始，在第一书
记的帮助下享受了旧房提升工程的政策。女儿丁申菊五一放假在
家，学习之余也帮忙承担家中的琐事。小姑娘今年读初三，7 月参
加中考，希望她能考进自己理想的学校，看看大山外面的世界。

图 2-13
摄制组和丁家美
一家在修缮好的
新屋前合影

　　第一书记李竣峰的食用菌试验田，也顺利种下了菌包，动员
的两户人家每天去田里浇水，不曾松懈。第一书记也跟着去田里观
察生长情况：有的菌丝已经长出，有的菌包因为长途运输发霉，没
有如期长出菌丝。情况好坏参半。不管怎样，也算是迈出了发展赤
松茸产业的第一步。

　　四季更迭，万物循生。郁郁葱葱的丛林间，那点滴汇聚的可
见变化，让我深刻感受到了生命的痕迹。中岗村的美，不止于原野
香花，镜头里人们质朴、纯真的笑颜。更源于它松柏不语，涵纳万
物的包容力。它既接纳外出务工的勇气，也接纳返乡创业的决心，

亦接纳外来旅客的新奇。去留之间，万象更新。

能够记录这一切，是我的幸运。

2020.5

重庆巫溪县中岗村

《走出中岗村》记录者说（二）

6月9日《走出中岗村》第四集播出的同时，丁家美的母亲刘古菊离世。镜头里老太太的音容笑貌成了她在这个世界上最后的印记。老太太的衣物都还在，家门口的梦花树已经爬满了虫，家中的老猫生了两只小猫。

图 2-14
————
丁家美的母亲刘古菊在菜地里摘菜

老太太离开后，家里的农活全部都丢给了丁家美一个人。玄参地里的野草还没有来得及锄，一场大雨后，苞谷地里的杂草窜得有秸秆那么高。小辈们再三叮嘱他要照顾好身体，气温高、下大雨时别去地里，丁家美嘴上允诺着。摄制组赶到他家时，见他还是在地里挥着锄头。聊天时得知他最近有些心悸，早上起来头有点晕。他告诉我老太太虽然离开了，可是生活还得继续，丁申菊面临中考，需要更多的钱来供女儿读书，地里的活不能停。

小姑娘也很懂事，成绩优异的她本想报考市重点学校白马中学，但考虑到家庭情况，悄悄地在择校志愿上填写了离家近的尖山中学，姑父和姑姑知道后怎么劝都没有用。梦花树前她说出了背后的原因——奶奶让孙女报的尖山中学。这是老太太思念孙女的初衷，也是丁申菊对祖母一种承诺。

第一书记李竣峰在帮忙处理丁家美屋前被暴雨冲垮的院坝时，给丁家美带了一盒蛋白粉。丁家美年前被查出患有小脑萎缩，日常饮食营养跟不上，李竣峰知道这个情况后便刷自己的医保卡给他买，帮他补充营养。

连日暴雨，两次红色预警，除了基础设施受损严重，道路多处垮塌，第一书记李竣峰主导的赤松茸产量也大幅降低，原计划日产 70 斤的量，如今每天最多只能采收 2 斤。种植基地多处被雨水泡烂生虫。他一边承受农户唐忠敏的抱怨，一边鼓励村民坚定信心，加快脱贫增收的步伐。

连绵的群山是创收的宝地，也是隔绝外界的栅栏。丁家美家算账的时候，家里所有东西不外乎是些土豆、玉米、红苕，这在当地被称为"三大坨"。这些食粮都是从土里长出来的，够你吃饱。可是，当家里有人生病，需要花钱时，一种崩塌感就会降临。这些堆满仓的粮食太廉价了，于事无补。但囿于这样的环境，不得不重复每日的劳作，祖祖辈辈皆是如此。

诚然，中岗村如同世外桃源一般的美，但是世外桃源不应该真的与世隔绝，勤劳奋进的乡亲们不应该再遭受贫困之苦。第一书记李竣峰正在积极调整中岗村产业结构、寻找脱贫增收项目。期待

图 2-15
秦巴山脉中岗村

着中岗村的乡亲们从土地中寻找更多效益，打破这竖了几千年的栅栏。

2020.6

重庆巫溪县中岗村

攻坚日记

三

武功亮的梦

扫码收看《武功亮的梦》

（一）攻坚之路：铁汉柔情

宣化区，地处河北省西北部，位于太行山与燕山交会地带，隶属河北省张家口市。东南距首都北京 170 公里，西临"煤海"大同 180 公里，北接内蒙古草原，世称"神京屏翰"之域。宣化区地域广阔，属中温带亚干旱气候区，昼夜温差大，光照充足，地形多样，水源充足，适宜多种农作物生长，盛产优质玉米、马铃薯，农副产品鹦哥绿豆、芸豆、白牛奶葡萄在国际、国内享有盛名。境内山场广大，野生花卉、中草药材种类齐全。宣化区是一座古城，秦汉时期的古长城盘旋在北部山区，明清时期的古城墙证明了宣化的历史地位。"宣化"寓有宣扬朝廷德政、感化黎民百姓之意，乾隆皇帝亲笔御书的神京屏翰大匾，至今仍悬挂于城内镇朔楼上。此外，宣化还有着"京西第一府"的美誉，作为连接京津、沟通晋蒙的交通枢纽，是河北省老工业基地、河北省十大历史文化名城之一。由于宣化地处太行山—燕山集中连片特困片区，"南流水，水难流"，"深井西山的好吃土豆也卖得愁"曾是宣化山区自然条件差、基础设施落后、贫困发生率高的形象反映和真实写照。2011年，宣化县被正式列入"燕山—太行山集中连片特困地区"贫困县。2016年1月，行政区划调整后，新宣化区仍为国家级贫困县区。全县区贫困人口共 3.7 万人，从县城向西走 18 公里，便是江家屯村。

江家屯村位于河北省张家口市宣化区江家屯乡中部，是江家

图 3-1
江家屯村风貌

屯乡 7 个贫困村之一。江家屯村地处洋河南岸，属半干旱大陆性季风气候，降水少气温低，村民以种植玉米为主，一年一季。江家屯村有 2047 户共 4152 人，是个大村子，但也面临人多地少等先天自然资源不足的问题。当前，江家屯村现有建档立卡户 55 户共 109 人。其中低保贫困户 5 户共 11 人，在国家脱贫攻坚战略实施以及扶贫干部的协同帮助下，江家屯村已于 2018 年底顺利实现了脱贫摘帽。然而，在脱贫不脱政策的新政策背景下，个别建档立卡户仍是江家屯村脱贫工作持续关注的对象，武功亮的家庭就是其中之一。

电车承载的母子情深

武功亮，村里人都管他叫武师傅。武功亮年轻时跑运输、开饭店，生意做得红红火火。然而，曾在村子里过着数一数二光景的他，现在成了村里的建档立卡户。十年前一场突如其来的车祸，让武功亮失去了双腿，治疗花费了所有积蓄，并欠下 20 多万元外债，家庭经济举步维艰。武功亮因残致贫，成为村里的建档立卡贫困户，之后妻子离他而去。母亲刘有梅因为照顾武功亮和两个孙子，身体日渐累垮，因病致贫，也成为村里的建档立卡贫困户。为了给母亲看病，武功亮借遍了所有的亲戚朋友，家里一贫如洗。如今，大儿子武元康在北京工作，很少回家。小儿子武元鹏，在张家口市区读中专，周末偶尔回家帮助武功亮。

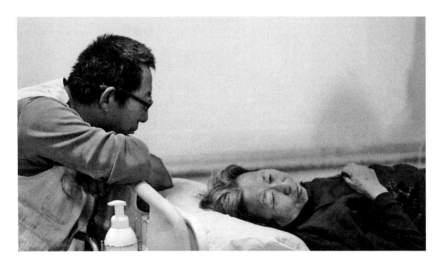

图 3-2
武功亮照顾母亲

由于母亲身患重病，身残志坚的武功亮独自担下了照顾母亲的重任。每天按时给母亲做饭，成为他生活的重要内容之一。做饭虽对于常人来说很普通，但对于行动不便的武功亮来说却有些费劲。母亲由于脑梗刚刚出院，加上多年尿毒症，身体虚弱、行走不便，只能拄着拐杖或者扶着轮椅行走才不会摔倒。随着母亲尿毒症的加重，武功亮需要每周带着母亲前往县城医院透析三次，这也成为母亲维持生命的唯一方法。

曾经，武功亮只能骑着电动三轮车送母亲去医院，让身体虚弱的母亲受了不少苦。冬天受冷夏天受热，遇到刮风雨雪天气，还会耽误母亲去医院看病。考虑到母亲的身体状况和长期透析的需求，武功亮东拼西凑，买了一辆电动四轮车，成为母亲看病的专车。由于母亲的病需要很多特殊药物，加上近期病情不稳定，医生建议增加血灌和血滤。武功亮心里知道，虽然享受了国家医保政策，重大慢性病不设起付线，政策范围内，报销百分之九十的福利。但剩下百分之十和额外的药品购买，每月需要近 3000 块钱，这对武功亮来说依然是个难题。

为了维持生计，武功亮曾经自学修车技术，通过扶贫贷款经营着一家机车修理铺。村委会为了照顾武功亮，专门安排一些修车的机会，帮助他减轻家庭负担。但是，近年来由于村内土地大面积用于植树，村民们纷纷将农用机车变卖，全村只剩下一百来辆。随着村里来修车的人越来越少，武功亮的生意少了一半。没活儿的时候，武功亮就一个人待在自己的修理铺。但他还没想好，如何解决母亲下个月近 3000 块钱的透析费用和治疗费用。这一天，武功亮通过电话得知有修车的机会，立马开车前往，希望可以挣到一些修理费，给母亲看病。开了十里地到达目的地后，拥有多年修车经验的武功亮修理了一个多小时，还是没有修好。本想着外出修理车辆，可以贴补母亲的医药费。但由于配件问题，这次上门修车，没能解决村民的问题，按照当地的规矩，问题没解决，一分钱也不能收，武功亮只能无功而返。没挣到钱的武功亮决定先打电话找亲戚朋友借些钱，希望能够解决燃眉之急。然而，借钱的过程并不顺利，亲戚朋友都纷纷表示爱莫能助。眼下，母亲高昂的治疗费，每天的口服药和家里的日常生活开销本就入不敷出，如今找朋友借钱也是处处碰壁。无奈之下，他只能硬着头皮找妹妹武功红借了 3000 块钱。

图 3-3
武功亮的修理铺

公益岗位的评选风波

　　张家口海关是江家屯村的对接扶贫单位。高文是张家口海关综合业务科科长，今年是他来江家屯村担任驻村干部的第二年。在武功亮为筹钱的事着急犯难的时候，高文正在同村委会一起讨论着如何帮助武功亮等未脱贫家庭解决困难的事情。特别是为了帮助武功亮家庭解决重点难题，村委们纷纷各抒己见。有的干部提出让武功亮参加村里的清洁队来增加收入，还有的提出借助乡镇医院资源为武功亮及其他尿毒症患者家庭修建透析室以方便他们外出看病。最终，经过大家讨论后，认为建立乡镇透析室需要花费一定的时间准备，还需从长计议。结合武功亮的当下情况，高文认为，当下应该更多的帮助武功亮增加收入渠道。

　　第二天一大早，高文和村主任曹瑞青，就开车去乡政府咨询公益岗位的情况，看是否能给村里的贫困户争取几个名额。按照规定，江家屯村辖区内有两条河道，总河道长是 15 公里左右，需要每公里设置一名河道巡查员。巡查员的主要工作就是巡查河道是否存在非法侵占、采砂、倾倒垃圾等现象并及时向上级反馈。河道巡查员的公益岗位的工资收入为一年4000块钱，外加补贴通信费和安全保险费。咨询的过程较为顺利，并为村里的贫困户争取了15个公益岗位名额，这令高文和曹瑞青都十分满意。

扶贫工作不好做，江家屯村也不例外，扶贫工作进入攻坚巩固期，驻村干部和村干部的压力就更大了，他们早就没有了休息日。高文由于一直忙于工作，虽然距离家里很近，但有时一周只能回来一次。陪伴孩子时间较少，是他心中最大的遗憾。随着孩子逐渐长大，高文和孩子的时间很难找到交集。很多次，孩子希望他送自己去幼儿园，但晚上接到通知的高文就得立即走。有时一大早没等孩子起来，高文就得驱车一个小时赶往江家屯村。因为除了武功亮一家，还有54户建档立卡户，需要他经常入户家访了解户情。在走访一家因母亲患有肾癌转骨癌去世、父亲独自抚养两个女儿的贫困家庭时，了解到二女儿正值读书的关键时期，高文特别有感触。他认为，教育可以从根本上改变一个家庭的情况。倘若这个小女儿通过读书考上大学，毕业以后就能找份工作。不仅她的命运改变了，她的整个家庭也会变好。

这一天，武功亮吃完早饭，准备再次去农客户家里，把上次没修好的农用三轮车给修好，挣一点修理费用。经过40多分钟的修理调试，车子终于成功点火启动，这让武功亮悬着的心落到了地上。最终，武功亮挣了50元钱的修理费用，比预期多出了10块，可以贴补家用。但这对于家庭面临的经济压力来说是杯水车薪，武功亮看起来并不开心。稍晚一些，高文来到武功亮家进行定期走访。上次走访中，高文曾了解到武功亮家里经济压力很大。这次主要想告知他脱贫不脱政策不脱帮扶的新政策来增强他对生活的信心，并询问其新一年的生活打算。经过同高文一起算扶贫账，武功亮深刻地知道，扶贫先扶志，面对巨大的经济压力，还得自己想办法扛着往前走。

临近春节，江家屯村充满了欢乐的气息。就在全村准备迎接新春佳节的时候，武功亮母亲因突发心脏病去世，这给武功亮一家带来了沉重的打击，大儿子的婚事也不得不延期举行。与此同时，面对全国进入新型冠状病毒疫情严防严控的新情况，江家屯村驻村干部和村干部积极组织开展疫情防控工作。突如其来的疫情让江家屯村受到了一定的影响，但随着全国疫情防控的好转，一切都在向好的方向发展。江家屯村正在加速推进复工复产，村民的生产生活秩序正朝着正常状态转变。由于疫情期间修理铺的生意十分惨淡，武功亮希望能够获得村里的公益岗位，家里的收入就会多一些。

这一天，村委会召开确认大会，将申请巡河员的贫困户都叫到了一起。武功亮从去年冬天就开始期待这个岗位，如今没有收入来源的他，更是期盼能够入选。名单即将公布，这令他十分紧张。听到村支书介绍完工作内容后，武功亮的担心加重了。和其他贫困户相比，失去双腿的他完全没有优势。经过近一个小时的讨论，在全村一百零七名贫困户中层层筛选，岗位名单终于公布了。听到自己的名字，武功亮心里悬着的石头终于落到了地上。

江家屯村现有建档立卡户54户，共107人，由于公益岗位数量有限，这次评选引起了王树兰等部分建档立卡户的不满。扶贫干部千辛万苦从乡里争取而来的公益岗位，本来对村里来说是件好事，没想王树兰这么一闹，很快在村子里传开了，对扶贫工作产生了适得其反的作用。这迅速引起了扶贫干部的重视，高文和曹瑞青第一时间赶往王树兰家了解情况。经过一个多小时的耐心讲解，王树兰的情绪平静了许多，认识到公益岗位应该尽可能覆盖未参加过的家庭，而自己家人早已参加了一个岗位，在大街上发埋怨确实给村里的扶贫工作带来了不好的影响。

另一边，温桂荣一家也闹起了意见，她认为自己的丈夫患有天生残疾，仅靠自己打工维持生计，为何国家对低保户、贫困户这么好的政策待遇却落实不到自己家呢？合理分配扶贫政策，扶贫干部既要照顾贫困户家庭，又要兼顾到普通村民的意见。为了防止温桂荣家庭出现"漏贫"的现象，扶贫干部立刻前往温桂荣家里进行走访。经过询问了解，按照张家口市的低保政策规定，办理低保优先考虑一级伤残和二级伤残的人员，而温桂荣的老公属于三级伤残，不符合政策要求。同时，曹瑞青发现他的残疾证是十年前办理的，已经过期，建议他再去做一次伤残鉴定。并表示，如果达到二级伤残标准，会尽快帮他办理低保手续，享受低保待遇。对于村里的这些议论，不擅言辞的武功亮觉得自己是幸运的，格外珍惜这次工作的机会。

一个好汉三个帮，一个篱笆三个桩

随着疫情的好转，武功亮的修理铺已经恢复营业，满心期待有客户来修车。然而，接连等了几周，上门的生意却寥寥无几。此刻，没有收入的他想起自己的耕地。武功亮原本有 20 亩耕地，2018 年村里土地流转占用了 16 亩，还剩下 4 亩地。由于之前忙于修理铺生意，4 亩农田都承包出去了。虽然一年只能挣到 1200 元，但依靠修理铺的收入还可以维持家庭开销。今年，武功亮计划自己耕种。按照每亩地能挣 1000 多元，一共可以挣到 4000 多元，这对他来说是一笔不错的收入。眼下，武功亮刚刚从母亲去世的阴霾中走出，最大希望就是解决即将到来的春耕问题。

春耕是最近村子里农业生产的头等大事。由于张家口地区地处塞外，气候较为寒冷，一年只能种植一季农作物，村民特别重视春耕的时间。春耕一旦耽误了，秋天的收成就会大受影响，所以当地有句俗语"谷雨前后，种瓜点豆；五一前后，玉米保收"。要想保证按时春耕，就必须先保证耕地的墒情，浇地灌溉就显得尤为关键。武功亮在检修中发现，地里机井出水口的零件损坏严重。修理机井出水口，对于精通电焊修理技术的武功亮来说，没有什么难度，但面对接下来的重体力农活儿，武功亮依然没有想出好的办法。高文了解情况后，第一时间带领驻村干部来到田间地头，一方面调查了解村里的春耕情况，另一方面希望帮助武功亮寻找种地的合伙人。但现在是春耕的繁忙季节，连续咨询了几位村民，都没有什么收获。武功亮的大儿子武元康过完年，早早回北京开始为打工做准备了，在张家口市上中专的小儿子武元鹏受疫情影响还没有开学，也去北京打短工了，家里只剩武功亮一个人。

一天，高文带领扶贫工作队，再次来到武功亮家里，询问春耕的问题。武功亮告诉高文，他想出了一个办法，让高文给他参谋一下。武功亮的计划是和岳玉军伙种，对方出工他出地，收益一人

图 3-4
武功亮检修机井
出水口

一半，省去了雇人的开支。岳玉军是当地的一名货车司机，十几年前跟着武功亮搭班跑过运输，有着十多年的交情，受疫情影响，岳玉军近期在家里有空闲时间，愿意帮助武功亮。虽然有朋友帮忙，但武功亮还是想尽力做一些力所能及的农活儿。当地有句俗语"朝霞不出门，晚霞行千里"，晚霞代表着未来几天都是晴好天气。武功亮本想着浇完地之后，抢抓春耕。但朋友岳玉军突然接到货车老板的通知，下周要去外地跑运输，没时间干完接下来的农活，这让武功亮又发起愁来。

两个儿子均已前往北京打工，他连续找了几位亲戚朋友，并没有人愿意帮助自己。最终，一位关系较好的堂哥武功贵，愿意帮助他完成接下来的农活。武功贵也是江家屯村的贫困户，两人从小一起长大，尤其是武功亮出车祸以后，经常帮助武功亮。武功贵撒完化肥，又帮忙找来犁地师傅。机械犁地虽然只用了一个小时，节省了时间，但是让武功亮花费了150元钱，这让他有些心疼。按照当地机械播种的市场价格，普通的4亩耕地需要花费120元钱，而武功亮的4亩耕地，由于位置较偏，农机手开出了200元钱的价格，武功亮有些无法接受。最终他和堂哥商量后决定，省下这200元钱，多花一些时间采用人工播种。帮不上忙的武功亮，只能远远地看着春耕播下希望的种子，希望秋天能够丰收，多卖一些钱。这一次春耕终于有惊无险地完成了，但是在秋收之前还有好几个关口，武功亮自己都干不了，止不住暗暗担心。

进入初秋，武功亮院子里种植的蔬菜陆续成熟。正在院子里采摘蔬菜的武功亮突然接到一个电话。原来是宣化农业银行曾给武功亮办理扶贫小额贷款的客户经理靳晓辉。武功亮去年办理的5万块钱农户扶贫小额贷款将于下个月9月10日到期，靳晓辉通知他要按时还款。武功亮本想着利用5万元小额扶贫贷款扩大修理铺规模多挣些钱，没想到今年受村里农用三轮车数量减少和疫情的影响，修车的生意也一直不好，眼看距离还款就剩一个月的时间，这让武功亮有些发愁。像这样被催债还款的情况，武功亮之前也经历过，十年前出车祸后欠下 20 多万元外债。失去双腿的武功亮尝试过养殖蝎子、修理冰箱彩电等工作，都没能成功。最终，在村委会的帮扶下开办起了修理铺，用了六年多的时间，才把所有外债一一还清。

2017 年，在了解到金融扶贫政策后，武功亮成为村里第一个办理小额扶贫贷款的贫困户。没想到的是，今年却把 5 万元钱全搭进修理铺了。在这个关头，如何利用材料存货和修车技术挣钱，是武功亮最近在想的问题。经过考虑，武功亮决定做回收二手车的生意，把旧车回收过来修理一下，更换电瓶、马达等配件后卖给下家，中间挣个差价。由于没有启动资金，武功亮找到了现任村书记曹瑞青。

经过一番沟通，曹瑞青建议武功亮找一个懂技术的合伙人，他出资金，武功亮出技术，把这个生意启动起来。但是，提起合伙人仍让武功亮心有余悸。十年前，武功亮想买大货车跑运输，由于没有本金，就找了一个合伙人一起贷款买车。但在发生车祸以后，由于合伙人不是本地人，耍赖逃跑到外地，武功亮只能自己承担后续处理的事务，并独自承担 20 多万元的外债。因此，曹瑞青劝说他这次一定要找靠谱老实的合伙人，如果武功亮实在不愿意找合伙人，村里只能给他筹措 1 万元左右。听了劝解，武功亮觉得曹瑞青说得有道理，但他还是很谨慎。思前想后，武功亮决定找好朋友张德库试一试。张德库是古树营村的养殖户，平时的空闲时间比较多，经常帮助武功亮干一些家里的农活，两人有着十多年的交情。武功亮计划一方面通过修理铺积累的客户资源宣传推广，另一方面通过网络微信群销售推广，讲解了半个多小时，才逐渐把张德库的质疑打消，合作意向初步达成。

乡村振兴路上的希望与挑战

这一阵，河北省张家口市宣化地区的雨水多了起来，这给江家屯村的扶贫工作也带来了新的任务。乡里召集各村村书记、驻村第一书记开防汛会议，提出村级巡河员必须加大巡河力度，特别是江家屯村的河道长达 15 公里，加上洋河范围比较大，需要督导本村公益岗位巡河员在每次下雨前下雨后多巡两遍。

江家屯村的 15 个巡河员岗位，虽然在年初已经分配给贫困户并每季度按时发放了工资。但是大家有没有按时完成巡河任务，这成为高文担心的事儿。开完防汛会议，高文叫上村主任王凤生，第一时间来到村子附近的河道，巡查完附近的多条河段后，高文担心的事情还是发生了，巡河员工作根本没有落实到位。接连打了几个电话，有的没人接，有的接了敷衍几句就挂了。感觉到大家对巡河都不重视，高文决定上门去看一看具体情况。经过一下午的走访，高文了解到，由于正值农田、企业的用工高峰期，许多贫困户都选择外出打工。对于巡河员工作，村里有很大一部分贫困户只在每季度领取 1000 元的工资，几乎不去上岗巡查，所以当初大家都争抢这个岗位。武功亮算是比较积极的，虽然他最近一直在张罗着二手车生意的事，但高文还是劝他不要松懈。

一天，武功亮准备和张德库出趟远门，开始收购二手车。每次出远门之前武功亮都会检修自己的轮椅。对于武功亮来说，实用方便的轮椅也有让他犯难的时候。武功亮的五辆轮椅大部分是当地残联和民政局赠送的，但他还是最喜欢这辆铝制的，更加轻便，适合外出使用。由于一路的上坡和路况的不熟悉，这趟外出花费了3个小时。见到车后，武功亮觉得车况挺好，但是车型没有达到预期。没收到满意的二手车，武功亮和张德库只能空手而归。正当两人聊二手车生意的时候，武功亮的车子出现了故障。

二手车生意没挣到钱，武功亮本想着节省一些油费，依靠蓄电池跑回家，现在却陷入了进退两难的状况。无奈之下，武功亮给朋友岳玉军打电话求助，等待了近一个小时，岳玉军才开车到达现场。经过一上午的忙活，回到家里已经是下午两点多。俩人的第一单二手车生意就这样打水漂了，如何扩大知名度，获得新的车源，是两个人一直讨论的内容。

武功亮的家紧挨江家屯乡的主干街道，平日里人流量较大。俩人决定利用这一区位优势，在门口挂一个大的广告牌试一试。广告牌很快就挂在了街边显眼的位置，武功亮的二手车生意正式启动。然而，托朋友介绍生意和微信群推广的方法一直没收到成效。这段时间，他和张德库花费6000多元，回收了两辆成色较好的农用三轮车，一直存放在张德库的养殖场里。回收的二手车虽然很快修理好，但始终没有相中车子的买家。如何处理积压的二手车成了棘手的问题。无奈之下，俩人被迫选择给农用车加装一个大型车斗，计划给附近的养牛场运送饲料挣一些运输费。由于二手车的生意迟迟没有收入，武功亮只能尽快改装车辆挣些运输费。这时，突然而来的大雨，打乱了武功亮的改装计划。眼看着改装预计还需近一个月的时间，而银行的还款日期却一天天临近。

关于武功亮急需还款的事情，高文得知后有些担心。贷款没有让武功亮的生意有所起色，反而成了新的负担。江家屯村现有建档立卡户55户，共109人，分别安排了巡河员、护林员、卫生员等公益岗位，每年获得4000—6000元不等的收入，但收入渠道单一仍然是村里建档立卡户共同面临的问题。

一天，一批北京的专家学者要来葡萄产业园考察。宣化的葡萄栽培历史已有 1800 多年，宣化区抓住"东西部协调发展"的政策，在江家屯乡建设了葡萄产业园。产业园目前处于一期建设阶段，后续还有二期、三期建设。这令高文和曹瑞青都充满期待，想看看它到底是需要多少人工，能否为村里有劳动能力的建档立卡户提供就近工作的机会。听着专家学者的讲话，两人心里一直有自己的想法。由于葡萄园两年后才会进入挂果期，未来会有更多就业机会。调研活动结束后，二人立刻找到园区负责人，希望能够寻求合作。经过高文和曹瑞青的热情介绍，负责人同意园区的后续建设会大量使用当地劳动力，这让两人看到了希望。

这一天，武功亮的大儿子回到了江家屯村。武功亮的大儿子武元康大专毕业后，在北京从事软件开发的工作。看到大儿子回来，武功亮似乎找到了暂时还贷款的方法。他原本想开口，却发现儿子丢掉了北京的工作，没有了收入。他只好放弃向儿子借钱周转贷款的想法。在江家屯村，年轻人选择外出打工是一种普遍现象，但是通过上大学走出去的年轻人却很少。武功亮自己是初中毕业，一直想让大儿子通过上大学走出去，找个好工作。然而，武功亮出车祸的时候，正好是大儿子读高中的关键阶段。当时大儿子正值逆反心理，加上心理负担重，高中毕业头一年分数不够。经过老师和副乡长的劝说，武功亮希望儿子再补习一年考个一本。但武元康却不愿补习，想尽快给家里挣钱，最终上了大专。

想到去年的还款经历，武功亮也是到最后没能筹齐。找朋友借了 5 万元的外债，才解了燃眉之急。今年他原本还想自己借钱还贷款，但一直没借到钱。无奈之下，他还是把还贷款的事情告诉了儿子。了解到父亲的难处，武元康和女朋友商量后决定暂时推迟婚期，先挪用拍婚纱照和购买结婚用品的钱。由于武元康刚丢掉工作，银行卡里也只有 5 万元的存款。大儿子去取钱的时候，武功亮正在担心另外一件事情。按照扶贫政策规定，建档立卡户需要垫付利息，后续根据凭证去江家屯乡扶贫办领取补贴。武功亮拿不出 2000 元现金，只能寄希望于朋友的借款。经过多方筹集，武功亮终于凑齐了本金和利息。来到银行，武功亮担心的是贷款合同即将到期，下一年还能否贷款。副行长胡富解答，按照脱贫不脱政策的原则，武功亮还可以继续享受贴息贷款，但欠债的危机感让他不敢有一丝懈怠。

这一天是前妻王秀苹的生日，家里也即将迎来一位重要的客人。大儿子的女朋友将第一次来家里做客，两人一大早就开始忙活起来迎接客人的到来。临近年底，第一书记高文也愈加忙碌了起来，江家屯村的扶贫工作即将迎来上级单位的年终考核。2020 年的脱贫稳定工作效果如何，高文需要挨家挨户走访建档立卡户。经过这一阶段的走访，高文了解到，自 2018 年全村脱贫以来，全村 55 户建档立卡户的公益岗位政策一直处于正常扶持状态，保证每户每年有 4000—6000 元的稳定收入，未出现返贫现象。

随着天气越来越冷，武功亮的修车生意逐渐减少，这让他有了更多的空闲时间装修老房子。大儿子武元康的婚期受到影响，他选择去外面打短工，但是 27 岁的年纪在江家屯村基本上都已经成家。武功亮和前妻王秀平还是想尽快装完老房子，在年底把儿子的婚事办了。前妻王秀苹在宣化从事家政工作，这次特意请假回来装修房子。当初虽然选择了离婚，但家里的两个孩子一直是她的牵挂。家里的老房子是二十多年前盖起来的，部分家具家电是母亲留下来的，还可以使用。这对武功亮来说，留存着对母亲的回忆，一直舍不得换掉。但王秀苹却不这么想。王秀苹之前和婆婆有一些矛盾，她想趁着装修的机会，花费 1000 元把老家具全部换成新的。但由于并没有和武功亮提前沟通，这让俩人产生了一些争议。

又到了年底，武功亮面对大儿子即将到来的婚期，该如何应对？面对贷款积压在修理铺的存货上，他又能否盘活生意？葡萄产业园的后续建设，又能否给村民带来收益？这些问题都有待进一步解决。但清楚的是，通过国家扶贫政策和优惠措施的帮助、扶贫干部的引导帮扶，武功亮已经对未来的生活充满了信心和希望……

（整理人：唐薇）

（二）使命担当：真心换真情 扶"智"更扶"志"

| 《武功亮的梦》第一书记高文手记

　　我叫高文，2018年6月由张家口海关（原张家口出入境检验检疫局）派驻到宣化区江家屯乡江家屯村担任第一书记。2018年是江家屯村村摘帽、户脱贫的关键之年，上任后第二天，参加了全乡"扶贫工作擂台赛现场观摩活动"，让我对扶贫工作有了初步了解。但是，时间紧任务重。本着既来之则安之，干就要干好的想法，我很快进入角色开展工作，以江家屯村的脱贫攻坚和稳定发展工作为己任，始终按照真扶贫、扶真贫的总要求，真抓实干、攻坚克难，真心实意为群众排忧解难，时刻战斗在脱贫攻坚第一线。

图 3-5
宣化区江家屯乡江家屯村第一书记高文

深入一线走访调研，增进与村民相互真情实感

真扶贫、扶真贫离不开真情实感。积极发挥"桥梁"作用，增强驻村工作队、帮扶责任单位和帮扶责任人与贫困户感情，在走访中增进情感。

我从机关单位到完全陌生的村庄开展工作，面对的困难重重。由于农村工作经验不足，我更注重加强学习当地的惠农政策和扶贫政策，多次深入农户、田间地头，与村党员干部、农民群众座谈交流，了解生产生活状况，询问他们对江家屯村发展的建设意见、发展思路，认真做好民情日记，完成了 5000 多次入户调查工作，并协调做好张家口海关结对帮扶责任人走访工作，每天及时撰写工作手册和日志。通过开展遍访和深入走访调研，到贫困户家中走访座谈，增进了与贫困户的感情，准确掌握了江家屯村 57 户建档立卡贫困户的详细情况，为更好地开展精准扶贫打下了良好的基础。

在解决实际困难中增进情感。我经常到贫困户家拉拉家常、问问情况，看看他们平时吃什么、穿什么、喝什么、用什么，了解他们的困难和问题，通过走访了解到本村贫困户子女有在读学生 11 名，生活比较困难，多方联系社会爱心人士，筹集爱心助学捐款 31000 元，减轻家庭上学负担。

在慰问活动中增进情感。驻村扶贫以来，我心里时刻想着贫困户，在走访中看到他们生活困难，积极同单位领导汇报、协调，对困难贫困户进行慰问。累计协调组织了 13 次慰问活动，给贫困户送去米、面粉、油、肉、棉被、电热水壶、暖水瓶等物资和单位干部职工的自发捐款。这点慰问物品虽然不多，解决不了贫困群众的根本困难，但承载着张家口海关干部职工的情感。

采取针对性帮扶，为贫困户排忧解难

我自驻村工作以来，一直严格要求自己，强化宗旨意识，把
"全心全意为人民服务"的宗旨自觉运用到为贫困群众服务，帮助
贫困群众解决困难的实践中。通过调查了解，10 户建档立卡户有
不同需求，帮助在中国社会扶贫网平台及时发布需求信息，筹集爱
心捐款 9307 元。贫困户武军女儿由于家庭困难无钱住院，孩子在
家里出生没有出生证明，已满六岁无法上户入学，得知情况后多方
了解，多次与当地政府、派出所、妇幼保健院、医院沟通，无医学
出生证明上户需要进行亲子鉴定，利用中国社会扶贫网和通过向政
府打申请帮助解决了费用问题，亲自带贫困户武军家 3 人到张家口
市第三医院做亲子鉴定，通过努力成功上户入学。

加强基层组织建设，同扶智、扶志相结合，激发群众内生动力

张家口海关主要负责人与村书记签订党支部《共建联学协议
书》，邀请村党支部代表到张家口海关进行座谈，明确了开展方式
和活动内容，促进基层党组织建设。每季度开展一次讲党课，组织
党员开展"不忘初心、牢记使命"主题教育讲党课活动，回顾初心
使命，牢记党的宗旨，在精准脱贫工作中发挥基层党组织的战斗堡
垒作用和党员的先锋模范作用，推动精准脱贫工作，打赢脱贫攻
坚战。

在走访贫困户过程中，积极宣传精准扶贫、精准脱贫的各项
政策，动员贫困人员珍惜大好机会，充分利用现有的各项扶持政
策，增强脱贫致富的信心，激发内生发展动力，自力更生、艰苦奋
斗，力争在脱贫攻坚的道路上不掉队。

建档立卡户武功亮，是张家口市宣化区江家屯乡江家屯村农民，全家 5 口人，自有耕地 12.7 亩，2 人有劳动能力，属于因残致贫户。现年 51 岁的武功亮，年轻时开过饭馆，跑过运输，一家五口过着幸福的生活。然而，一场突如其来的车祸让他双腿高位截肢，治病花完了所有积蓄仍债台高筑，天灾人祸的出现，致使妻子抛下这个家庭离婚出走，两个孩子还在上学，患有严重肾病的母亲每周都要住院透析，生活一下笼罩在灰暗之中。

2014 年，国家扶贫工作全面开展，他家由于残疾生活困难被纳入建档立卡贫困户，他主动提出要在国家的帮助下改善生活，发家致富，走出贫困，积极脱贫。村里为了帮助他渡过难关，将集体的机井承包给他一口，每年只是象征性地收取 200 元承包费，承包期 10 年，每年可以带来 10000 多元的收入，同时，帮助他申请了最低生活保障。

而身残志坚的武功亮又开始琢磨，托人购买了机动车马达维修、电路维修、发动机维修等方面的书籍，开始了边摸索边实践的机动车维修。由于技术过硬，服务周到，找他维修车辆的人络绎不绝。如今，他靠双手和汗水让濒临破碎的家庭重焕生机，在长期与残疾和贫困的抗衡中，武功亮不仅练就了过硬的修车技术，还掌握了熟练的做饭、洗衣、护理等生活技能，被大家亲切的称为"无腿硬汉"。由于他的事迹感人，被中央广播电视总台农业农村频道《攻坚日记》栏目选定为拍摄对象，已播放 3 期，每月 1 期，共 12 期。其他新闻媒体也多次报道他的典型事迹。

驻村工作队和村两委干部帮助落实健康医疗、教育等扶贫政策，实施产业帮扶，申请公益岗位，申请金融扶贫小额贷款向银行贷款 3 万元扩大修理规模。同时，武功亮靠着自己的双手，通过辛勤的努力，偿还了 20 多万元的外债，脱贫致富的脚步迈得更加坚实 2018 年他退出了贫困户的行列，提前实现小康生活，一家人的日子过得红红火火，他正信心百倍地迎接新的生活，实现了由"贫困"到"致富"蜕变。

做实"两不愁三保障"工作，拓展稳定增收渠道

在脱贫攻坚的种种难关和困难面前，没有逃避和退缩，我坚守在脱贫攻坚第一线，为了确保江家屯村 2018 年如期脱贫出列，选择没有休息日和"白＋黑"的工作方式，积极同乡干部、村两委干部一起开会分析，研究解决问题措施，补充完善档案，做好脱贫户的思想工作，特别是在扶贫手册制作填写时提出更符合实际的建议，得到采纳并在全乡推广。2018 年，江家屯村顺利通过省、市脱贫验收。

完善基础设施建设。配合做好村"双基"工程，硬化道路23000 平米，安装路灯 100 盏，新建垃圾集中收集点 1 座，并购置大量文化设备，在满足日常生产生活需求的基础上，进一步丰富了村民的精神文化生活。按照乡统一安排部署，清洁美化街道，多次与单位领导汇报、积极协调，2018 年帮助村和建档立卡户粉刷墙面，2019 年帮扶 5 万元资金修缮商业街配套设施和村卫生室装修，2020 年给村里购买景观路灯、高杆灯和普通路灯共 16 盏，货值 56600 元。

推进安居房改造工作。紧紧围绕"两不愁三保障"和贫困户脱贫出列六项指标，认真做好建档立卡贫困户安居房改造的推进工作。同乡干部和村两委干部共同商讨研究，在乡政府资金支持和利用村集体经济收入帮助解决 6 户建档立卡户住房问题。

抓好产业就业增收工作。2018 年，江家屯村建档立卡人口人

均收入刚达到脱贫线，如何实现稳定收入，高质量脱贫，需要扩大产业发展，安排有劳动能力的建档立卡人员就业。我和村两委干部积极争取，多方协调，目前有四个产业帮扶，安排公益岗位 37 人，扶贫车间工作 6 人，外出务工 4 人，人均收入由 4000 多元增加到11000 多元。

做好疫情防控工作。按照区、乡应对新型冠状病毒感染肺炎疫情领导小组暨指挥部要求，为切实加强村疫情防控工作，确保疫情防控工作措施有效落实，保证群众身体健康，召集党员干部组建4 个入户排查小组，对本村内的居住村民进行"网格式排查、不留死角、全面见底"，核准采集在家人员信息，确保做到不漏一户一人，共计排查居住农户 1087 户 2574 人，排查登记返乡人员 33 人，要求全部居家隔离观察 14 天，对排查出的返乡人员建立台账，严格实行专人管理，每天报送体温，做到了底数清、情况明，实时掌握动态。

在脱贫攻坚的道路上，我履职尽责，发挥作用，用真心换来真情，用实干赢得信任，心里时时刻刻想着贫困户，挂着贫困户，克服工作和家庭的种种困难，时刻战斗在脱贫攻坚第一线，为打赢脱贫攻坚贡献了自己的力量。

（三）记录者说：斯文书记扶铁汉

| 《武功亮的梦》导演王永楠手记

　　命运掌握在自己手里。武功亮是河北省张家口市宣化区江家屯村的建档立卡户，原本开过饭店，跑过运输，拥有一辆大货车，在村子里过着不错的生活，一家五口的幸福生活，在十年前被一场车祸彻底打乱，车祸导致武功亮失去了双腿，并欠下20多万元外债，家庭经济举步维艰，之后妻子王秀苹选择离婚，离开了这个家庭，母亲刘有梅因为照顾武功亮和两个孙子日渐累垮，这个家庭面临因病致贫和因残致贫的双重打击，成为村里的建档立卡贫困户。经历了这么多人生起伏，但武功亮在扶贫政策的帮助和他个人的努

图 3–6
因病致贫的武功亮

力下，开办修理铺，发展二手车生意等，家庭经济从脱贫转向了致富，他还真的又站起来了，不是指身体站起来了，更多的是指他的意志又站起来，成为一名"无腿硬汉"。

生活就像是一根弹簧，压力有多大，就会弹多高。当我第一次看到武功亮的时候，觉得他身上有一股劲儿，让我挺佩服的，看到他就仿佛看到了我的父亲。我的父亲大概十年前也出过一场车祸，身上骨折处达到三十多处，手术的时候肝脏肺部等部分切除的器官就有一大碗，当时我就在手术室门口，他身上插了大概有四五根管，有负责肺部淤血的、胸部淤血的，还有呼吸插管，车祸对人的摧残实在是太大。但是车祸不可怕，可怕的是会被打倒。我是家里的独生子，当时正在上大学，当所有压力冲向我的时候，说实话当时是有一点发蒙，现在回想，我当时和武功亮遇到了同一个问题，是被压力击垮，还是选择像弹簧一样奋力反弹。最终武功亮选择在脱贫政策的帮助下，奋力反弹，同时纪录他身上这种身残志坚的精神，不向命运低头的态度，也是我拍摄这部纪录片的一个初衷。

信知万古山头石，还有人间母子情。武功亮的父亲去世早，从小跟着母亲一起长大，两人的感情一直很好，特别是母亲尿毒症的晚期，每周要去医院透析三次，才能维持母亲的生命，我印象最深的是，第一次见到母亲推着武功亮去医院，按照正常理解像是母亲在照顾他，但恰恰相反，母亲由于长期透析，身体虚弱，行走必须依靠拐杖，扶着轮椅更加方便一些。同时武功亮和我说最艰苦的是，有一次母亲住院，出院后她双腿都没办法下地行走，只能坐在轮椅上，武功亮就自己坐一辆，母亲坐一辆，一只手转动自己的轮椅，另一只手推着母亲的轮椅……虽然我们没有拍到这个场景，但通过武功亮的讲述，我能感觉到他的不易，但好在通过武功亮的悉心照料，母亲的病情逐渐稳定，准备迎接农历新年。世事难料，在2020年初的时候，武功亮的母亲突发心脏病意外去世，由于事发突然，且当时处于新冠肺炎疫情的特殊时期，我们摄制组非常遗憾没有拍摄记录这段，但后来拍摄武功亮给母亲上坟的时候了解到，母亲离世给武功亮带来了沉重的打击，没能让母亲看见儿子办完婚事成为武功亮的一大遗憾，他仿佛一夜之间白了头。回想起来，他对母亲的照顾，那份原始纯真的舐犊之情、反哺之情，常常跃入我的眼帘，定格在我的脑海中……

一个好汉三个帮，一个篱笆三个桩。当节目播出后，在微博上一名观众问我："武功亮有这么多困难，他每次都能顺利地解决，这是真的假的啊？"我当时非常斩钉截铁的回答他，"是真的，千真万确"。武功亮每次遇到困难都能迎刃而解，而且非常淡定地解决了。比如拍摄他春天耕种的时候，正常情况下，一个残疾人，两个儿子又都没在家，肯定会束手无策、一筹莫展，但武功亮却时常笑呵呵的，手里没现钱买种子就到农资超市赊账，因为他把十年前欠下20多万元旧账都一一还清了，村民都挺信任他。浇地、耕地、播种都是不小的体力活，但他依靠朋友的帮助都一一解决。记得有一次冬天拍摄他打碎玉米卖玉米的场景，刚开始邀请了三个朋友过来，当机器开始轰隆响起的时候，一下子来了四五个村民和朋友，大家说他们是听到声音主动过来帮助武功亮干活的。这让我印象深刻，友情是两心相交，友情是不求回报，友情是他们脸上的微笑。

前面提到有观众提出质疑，其实武功亮能够解决问题，还有一个关键人物——第一书记。拍摄节目前，我理解的第一书记应该是雷厉风行，敢作敢当那种，但高文却是另外一种风格。他身高一米七多一些，戴着一副细框眼镜，文质彬彬，有些书生气息，说话音量也不大，气场较弱，遇到态度蛮横的村民，就好像是"秀才遇到兵，有理说不清"，说话音量有时候都录不上，被村民的音量都压过了，还好村书记弥补了这些不足，帮助他解决一些现场问题；但是他的这种风格，遇到上年纪的语速慢听力差的村民，劣势就成了他的优势，可以和他们娓娓道来，能够耐下心来解决问题。最后一次采访，我问他三年驻村工作最大的体会，他说是从刚开始组织谈话不愿意来，到现在为贫困户办了实事，不愿意走，心里总是暖暖的。作为一名纪录片导演，当时我觉得这回答很真实，还是挺敬佩第一书记的。

图 3-7
《武功亮的梦》
摄制组合影

经过一年多的拍摄，第一次跟踪记录拍摄嘉宾这么长的时间，对我来说是一种新的经历，拍摄过程也犯过很多错误，也接收到了许多老师的批评指正，这都成为我职业生涯中的一笔财富。面对百年未有之大变局，我有幸参与记录这场脱贫攻坚战，在实现中华民族伟大复兴的道路上很幸运地成为见证者。

攻坚日记

四

和乐村里和乐事

扫码收看《和乐村里和乐事》

（一）攻坚之路：孙永彬养鹅记

和乐村，位于黑龙江省齐齐哈尔市拜泉县三道镇，这里没有高速公路，也不通火车，现居住的主要人群是儿童和中老年人，村民多依靠传统种植业和黑猪养殖为生。多年来，贫困始终是悬挂在这个小村子上方的一把利剑，因病致贫现象也十分严重。

和乐村梁大麻子屯孙永彬家是村里的建档立卡贫困户，家中共7口人，妻子在外打工，大女儿刚刚从哈尔滨的一所民办高校毕业，两个小女儿还在上学。孩子上学的巨大支出是一方面，再加上孙永彬的母亲患有脑血栓，父亲有多种老年疾病，一个月两位老人的医药费就要将近1000块，这些都让孙永彬的生活一直捉襟见肘。

雪中送炭解燃"煤"之急

即将入冬，天气愈加寒冷，孙永彬每天做的第一件事，就是早起生炉子。因为煤的价格太高，为了省钱，他用苞米瓢子充当燃料，炉子里的苞米瓢子被烧得噼里啪啦地响，火光映出孙永彬的愁容——一冬2000块的燃煤费用，又让孙家本就困难的生活雪上加霜。

天气愈加寒冷，像孙永彬这样的贫困户，是驻村扶贫第一书记齐永光最放不下的。和乐村因为得天独厚的自然条件，种植一种对土地要求比较高的马铃薯——原原薯，原原薯有个特性，就是不能连年连续种植，齐永光他们就如何合理使用原原薯的大棚讨论出来两种方法，一种是集中种植，另外一种就是包产到户，进到每家每户的小院里。然而，目前最关键的是，由于合作公司结账周期较慢，原原薯的分红款至今还没到账，贫困户的取暖问题迫在眉睫。

为了帮助贫困户买煤过冬，齐永光首先想到了孙永彬自身的养猪经验，准备把孙永彬介绍到村里的黑猪合作社去养猪。齐永光的建议虽好，孙永彬却很为难，他的爱人在外打工，家里又上有老下有小，实在脱不开身。根据这个实际情况，齐永光决定将来找其他的合适的机会，再给孙永彬找一些活。

入冬之后，天气反常，温度到了零度以上，这也让孙永彬暗暗地松了一口气，暂时免去了烧煤的烦恼。可随之而来的新问题是，孙永彬今年收的玉米泡在了刚刚融化的雪水里。玉米一旦进水，售价就要下跌，含水量上升一个百分点，玉米的价格就要下跌一分钱。孙永彬今年秋天收了近 8 万斤玉米，含水量的大小直接关系到他家里的燃煤。

入冬时间不长，含水 30% 的玉米基准价格目前在 0.65 元，处于市场低位。然而，不知何时会来的寒潮一直在提醒着孙永彬，必须要储存燃煤，度过寒冬。平时一直算计着过日子的孙永彬陷入了两难，粮卖还是不卖？

东北大地上的漫漫长冬已经拉开了序幕，不仅仅是孙永彬家，冬季采暖几乎是和乐村每一个自然屯的贫困户都遇到的问题。恰好此时，由扶贫单位黑龙江广播电视台参股的合作社养殖的一部分黑猪刚刚到了出栏的季节，齐永光为了解决贫困户取暖问题，迫不及待地联系好了收购企业，将这批黑猪提前宰杀销售。这个黑猪养殖项目最后产生的收益将全部返还给村集体和全体村民，齐永光希望通过这样的产业扶贫项目，让和乐村高质量地脱贫。然而，生猪需要全部销售完毕才能结账，齐永光还得为贫困户解决购买取暖燃煤的经济来源。

此时，距离生猪合作社不到一公里的孙永彬家又迎来了两位客人，他们是三道镇上的信用社工作人员。临近年底，他种粮时候的贷款即将到期。只有按时偿还贷款，才能在第二年顺利借款，这个道理孙永彬很明白。接二连三的问题让他的经济压力越来越大——贷款得还，燃煤要买，父母的病要看，而现在家里唯一能够变现的就是秋天收下来的那一堆玉米了。

尽管玉米的价位处在低点，但是一直精打细算的孙永彬这次没有再犹豫，他最终做出了决定——卖粮。玉米的含水量决定价格，以前测量玉米的含水量都是靠经验，种粮户吃了很多亏。为了不让和乐村种粮户吃亏，扶贫工作队跑了多家收粮点，找到现代化的测量仪器。齐永光希望通过这种科学的检测来跟市场对接，一方面是为了提高村民科学种粮的意识，另一方面也让他们了解市场的行情，知道市场导向，来科学合理地决定明年自己究竟选什么品种，种什么地，怎样能够有最好的收益。

按照工作队联系好的地址，孙永彬找到了收粮点，不过他的玉米含水量确实很高，价格也给得低，就算卖了也没多少钱。为了解决用钱问题，孙永彬还得寻找别的赚钱机会。

好在地处东北平原腹地的和乐村土地资源还算是比较丰富，利用村里闲置的土地，扶贫工作队引进的六栋温室大棚，施工已经到了最为关键的节点。建设中的大棚用工首先考虑建档立卡贫困户，这一次，急需用钱的孙永彬没有拒绝工作队的好意。

自己的车，自己搬卸，三天下来能赚300多块，多的时候孙永彬一天能拉一万七八千块砖，挣400多元钱。孙永彬对这次工作队给他的安排还是比较满意的。

大棚建设比预想要快得多，6栋大棚中有两栋已经可以投入使用。大棚刚一建好，齐永光就催着施工方把大棚利用起来，抓紧进苗。毕竟，生长期较短的反季节蔬菜赶在春节之前上市完全没有问题。随着苗从外地送了过来，装车卸车、搬运菜苗、栽苗都需要人手，工作队又找到了孙永彬。在孙永彬和老一辈的心里，栽苗是女工活，男工干不了，一个壮劳力去做女工活，尽管能有些收益，孙永彬还是觉得有点没面子。

气温开始下降，寒潮的前锋即将抵达拜泉。孙永彬担心在寒潮到来之前拿不到买煤的现金，又主动联系到收粮点，准备卖粮。铲车、卡车、玉米脱粒机都是收粮点带来的，但是装卸粮食需要人手。现在，梁大麻子屯所剩的劳动力已经不多，孙永彬卖玉米在整个屯子来说就是一件大事，于是全部的劳动力都出来帮工。孙永彬今年承包了50亩玉米地，最后实测下来，每亩地亩产大约1300斤，这在和乐村来说，也算是一个不错的收成了。他仔细算了算，这50亩地的最后收益是2490块，虽然不能买煤，但是可以还信用社的贷款、给老人买药了。

另一边，齐永光一直发愁的关于明年原原薯的两种种植方式在村两委会上产生了一些分歧。村里的孟会计觉得集体种还比较方便管理，但是有些人则认为分散种植更能激发个人的积极性。

万幸的是，就在寒潮到来之前，2019年秋天就已经收获完成的原原薯分红的款项总算是到了村里的账上。从分红的受益一览表来看，和乐村老百姓的收入又增加了，原原薯的收益增加了627元，黑猪的收益增加了500元，这样一户的人均增收就是1127元。

在三道镇信用社，孙永彬主动归还了自己的种粮贷款，就在归还贷款的同时，孙永彬也收获了一个好消息，村里的原原薯分红到账了。

显然孙永彬家里的燃煤有了，一袋煤将近 200 块，孙永彬决定先买五袋，他精心算了一下，用家里剩下的玉米瓤子和煤混合烧，平时自己再多穿一点衣服，这些煤至少可以支撑两个月以上。买煤的时候，平时一直寡言少语的孙永彬，压抑不住兴奋的心情，话都比平时多了起来。

周末，寒潮抵达拜泉，气温陡然下降了 15 度，已经到了极寒天气。孙永彬的二女儿孙悦也从住校的中学回到了家里，除了在外打工的孙永彬妻子和大女儿，一家五口人入冬以来第一次在旺盛的炉火边团聚。

过冬卖肉解看病之忧

元旦刚过，齐永光就在一个早上接到了孙永彬的电话求助。原来，孙永彬的父亲孙龙近期咳喘越来越严重，孙永彬担心父亲病情有变。齐永光得知消息后立刻安排车辆送老人前往县医院进行治疗。

因为县医院在专门的窗口针对建档立卡贫困户设置了绿色通道，一行人看病还算顺利。孙龙的呼吸障碍源于他的呼吸道炎症，这是一种慢性病，容易在气温陡降的时候炎症突然发作带来生命危险。大夫建议孙龙住院治疗，虽然有着比例不小的住院补贴，但是出于经济压力，孙永彬还是犹豫了，他和父母商量后决定先把父亲带回家里保守治疗，等经济宽裕时再带老人到医院。

此时，大雪封门，东北的严冬彻底来临了，梁大麻子屯的乡亲们开始猫冬，一年一度的杀猪季也如约而至。孙永彬家里的猪已经养到了 400 多斤，市场价格将近 7000 多元。面对着这头大肥猪，孙永彬陷入了两难境地。按照东北风俗，一般情况下过年前需要杀猪招待亲戚，但买煤、给父亲看病都需要钱，卖掉这头猪显然可以减轻孙永彬不少经济压力。

然而，屯里的杀猪大聚会，孙永彬已经参加过好几次了，如果有人只吃杀猪宴而不杀猪回请，那么会被全屯子的乡亲们看不起，父亲孙龙也坚持要杀猪请客。最终，在一个看似平常的早上，孙永彬还是把家里养了一年的猪杀了，请屯里的乡亲们大吃了一顿。这顿饭消耗掉了 30 斤肉，两箱酒，花费 1000 元左右，除去孙永彬自己留下的肉，还有半扇猪肉可以卖。随着孙龙的身体越来越差，孙永彬的妻子于淑红只好先辞掉城里的工作回家照顾老人，本就拮据的家里又少了一份稳定经济来源。而且，孙永彬给大棚拉砖的短工也即将结束，他想早点把猪肉卖掉变成现金，让自己的父亲尽早住院看病。

其实，驻村第一书记齐永光并不认可村民年前杀猪请客的习俗。杀猪当天，主家要准备两顿饭，尤其是杀猪后的第二顿饭，必须有酒有肉，虽然可以联络乡亲们的感情，但这已经成为一些农户的负担，特别是孙永彬这种家庭情况复杂的贫困户。孙永彬家里的情况也让齐永光重新思考和乐村 2020 年的产业发展方向——和乐村山地丘陵为主，是不是可以利用现有的山地丘陵来发展养殖业，解决一部分人的脱贫问题呢？

尽管齐永光对于孙永彬杀猪请客的行为并不赞同，但还是答应帮他寻找猪肉的销售途径。三道镇是黑龙江省拜泉县和海伦县之间最大的一个镇子，三道镇距离拜泉县城 40 多千米，距离海伦边界 20 多千米，这里也是周边村民采购生活物资的一个集中场所。恰巧驻村工作队的驻地刚刚通了自来水，但是只在每天早上 6 点和晚上 6 点固定时段供水 30 分钟，齐永光决定到镇上买储水桶，然后帮孙永彬寻找一下猪肉的买家。然而，这次三道镇之行齐永光虽然买到了储水的水桶，但是因为国家开发银行扶贫工作组的突然来访，他没有时间帮着孙永彬去联系猪肉的买家。万幸的是，春节将近，国家开发银行一行人到和乐村梁大麻子屯慰问贫困户，他们不仅给孙永彬带来了棉衣，还愿意购买孙永彬家的猪肉。这是一笔超过孙永彬预想的交易，尽管孙永彬再三推辞，然而在父亲看病的压力之下，他最终还是接受了国开行员工的善意。

卖掉猪肉有了现金，孙永彬和于淑红决定送老人去医院住院看病，然而孙龙却不乐意了，他认为自己现在状态还不错，孩子上学、来年春耕都比看病更重要一些。面对倔强的父亲，深知其脾性的孙永彬夫妇最终选择妥协。

发展养鹅解致富之困

正在春节将至之时，一场突如其来的疫情也改变了中国大地的生活轨迹，进出村子都变得格外严格，一切聚集活动也因此取消。

4 月下旬，黑龙江省疫情突然出现了变化，原本在城里大学城打工的于淑红，出门打工的计划被迫搁置。于淑红每天都要轮班去村口参与疫情防控的值班工作，这也是特殊时期村里特地为贫困户作出的一项补贴政策。

雪化之后，孙永彬一家开始忙碌起来，为春耕准备种子化肥成了家里的头等大事。晾晒完玉米种子之后，于淑红带着二女儿孙悦一起从村口的地里拉来了土，为了节约一些费用，于淑红带着孙永彬的母亲一起上手育秧。然而，少了于淑红每个月 4000 多元的打工收入，孙永彬的春耕物资筹备陷入了缺钱的困境。

　　为了尽快筹足春耕所需的钱，始终没有办法返城复工的于淑红改变了主意，在齐永光的介绍下，选择到村里的大棚上班。为了尽快拿到工资，于淑红当天就和用人单位签订了协议。然而，对于已经习惯了在城里工作的于淑红来说，大棚里的这些农活似乎有些陌生，一切都还要从头学起，并且这里的工资远低于于淑红在城里打工所得，她不得不再找一份工作才能弥补不能外出打工的空缺。

　　于淑红的困境也是齐永光他们发愁的问题。目前和乐村和于淑红处在同样困境的人不在少数，很多家庭一下子少了一大笔收入，驻村扶贫工作队扶贫的担子又重了不少，他们必须马上找到一个解决办法。

　　距离拜泉县 70 多千米的依安县养鹅历史悠久，依安的很多贫困户都依靠养鹅脱贫致富。饲养大鹅、增加村民收入，这为齐永光解决当前的困境提供了一个新的思路。驻村扶贫工作队走访了两个大鹅养殖孵化场，了解到大鹅全身上下都是宝，养殖大鹅是帮村民走出贫困的捷径。而且发展小院经济，帮助村民解决收入难题，县里还能给予一定额度的补贴。为了进一步提升村民的积极性，驻村扶贫工作队决定先垫付村民所需鹅雏的费用，待鹅长成时由扶贫单位回收。而这份垫付费用，将从回收款中扣除。

　　齐永光计算了一下，刚破壳的鹅雏大约在 10 元左右，在孵化场养 1 天需要额外加价 0.5 元。为了提高在村民手中的存活率，鹅雏一般需要在孵化场饲养 15 到 20 天。这样算下来，一只鹅雏的出售价格在 15—20 元。假如全村养殖 5000 只大鹅的话，至少需要 10 万元。

　　他们又走访了第二家合作社，这家合作社的自然情况与和乐村极为接近，都没有合适的草甸与水源，这样饲养的大鹅在出售价格上要比第一家低一点，但是这种养殖方式对于和乐村来说更有借

图 4–1
孙永彬在准备养
鹅场地

鉴意义。

回到村里，驻村扶贫工作队汇总了村民养鹅的数量，根据结果他们和孵化场签订了一份协议，暂定购买 3000 只鹅雏。于淑红今年不外出打工，养鹅似乎是他们目前最好的一个选择，孙永彬思索过后，决定先上报 1200 只。

孙永彬目前手里的现金十分短缺，家里需要用钱的地方也很多，父母亲都需要看病，二女儿孙悦今年还要中考，为了避免不必要的损失，养鹅经验不是很丰富的孙永彬夫妇决定先去依安看看。

从依安回来之后，孙永彬为大鹅找到了合适的饲养场地，并和妻子一起动手，清理场地。看着精心准备的鹅圈，孙永彬心里有底了，原先计划养殖大鹅的数量也从 1200 只提高到了 3000 只，并和村里签订了大鹅养殖协议。尽管鹅雏的费用由驻村扶贫工作队协调赊欠，但是前三个月鹅雏必须要用专门的饲料喂养，这也是一笔不小的费用，孙永彬只能来到镇上的信用社寻求帮助。

整理好了鹅圈，就要准备春耕了。找到物美价廉的化肥，是孙永彬目前的头等大事。按照经验，50 亩的玉米、100 亩的大豆，至少需要氮肥和钾肥各 2 吨、磷肥 1 吨。第二天，孙永彬就来到了附近的镇上了解化肥的价格，为了找到一种性价比最高的肥料，他走了很多家化肥店，仔细地对比了各种复合肥的价格。据孙永彬了解，在出厂时配好氮磷钾比例的肥料，更有利于庄稼生长，但价格较高，而他不太知道的养地肥价格相对低很多，只是因为没有使用经验，他对于这种化肥的效果也有些许担忧。无奈之下，孙永彬最终选择了自己来混合化肥的配比，这样算下来能节省许多。

很快化肥就送到了村里，和乐村梁大麻子屯所有的壮劳力再次同时上手，帮助孙家卸化肥。这种互帮互助的风俗，在人口流失严重的农村已经再常见不过了。化肥刚落地，孙永彬和妻子于淑红就接到镇上信用社的通知，贷款批下来了。这是专门针对贫困户的无息贷款，一直以来依靠土地和外出打工生活的孙永彬一家，并不想背上这样需要承担责任的债务，但是养鹅和春耕都需要现金，最后他还是接受了这笔无息贷款。

然而，贷款到手的喜悦马上被骤升的气温冲得一干二净。屋顶的雪化了，孙永彬年久失修的房子开始漏水。修房子至少需要 1 万元，刚刚拿到手的 3 万元仅仅用在大鹅养殖或者是春耕上都不够分配，这下子又多了一个需要用钱的地方。迫于无奈，天刚亮，孙永彬的父亲孙龙便到村里求助。然而，由于孙家房盖漏水不在政策的维修标准内，并不能直接给予补助，齐永光只能尽力帮他想其他办法，这让本就经济困难的孙家雪上加霜。

养鹅新知解毁约之惑

眼见着即将进入 5 月，仍在为疫情奔波的齐永光突然接到了孙

永彬的消息，因为顾虑太多，他要放弃自己已经签订合同的 3000
只大鹅。毁约事关重大，按照合同需要双倍赔偿鹅雏款，并且如何
处置这些鹅雏也是个问题。村委会最后决定，由齐永光找孙永彬
进行一次谈话。正在地里喷药的孙永彬放下了手里的农活，赶往
村部。

对于毁约，孙永彬有着自己的想法。原来，孙永彬和养殖户
交谈得知，正常大鹅应该是 4 个月出栏，而根据合同却要养 7 个月，
这么养是在赔钱。齐永光有些无奈，这样随意毁约既影响孙永彬的
致富进程，又丧失了诚信，需要付大量违约金。然而孙永彬坚持认
为这样会赔钱，不肯继续养鹅。

对孙永彬的处罚结果还没有确定，但孙永彬弃养的大鹅却不
能没人养，只能由工作队全盘接收，纳入村集体经济范畴，雇佣村
民进行养殖，并在年底统一分红。进入 6 月，大兴安岭南麓的和乐
村，暴雨不断。清点现场后，工作队发现在这个暴雨之夜，鹅雏的
死亡数字不低于 100 只。面对这突如其来的情况，工作队和养鹅村
民一时都难以接受。

为了确认鹅雏死因，工作队只能去找外援。邻村的养鹅大户
商海波经验丰富，是当地的土专家，仅通过视频他初步怀疑是大棚
的条件不好，导致温度湿度控制有问题。商海波表示是由于大肠杆
菌和浆膜炎造成这种情况，死亡率慢慢会在鹅雏瘫痪以后升高。关
于鹅雏的死因，商海波也不能根据齐永光的描绘作出准确的解决方
案。旧鹅棚条件很差，每天都有鹅雏死亡。实际勘查现场之后，为
避免集体死亡再次发生，在商海波的建议下，工作队决定重新选
址，搭建新鹅棚。

春耕之后，孙永彬的 3 万元的无息贷款已经所剩无几。一场大
雨过后，孙永彬上次用胶带勉强粘上的屋顶又开始渗水，此时屋顶

的铁皮已经锈烂掉，这一次是顺着烟囱往下漏，光换房盖铁皮就需要 1500 元，更别说修缮别的，最起码也要 5000 元。孙永彬夫妇发了愁，现如今活都干完了，一共也才挣了 2000 多元。房屋维修的事宜迫在眉睫，孙龙和妻子只得又向驻村扶贫工作队寻求帮助，提起儿子不肯养鹅的事，孙龙更是恨铁不成钢，却又无可奈何。

为了帮孙家修好房子，齐永光这次将孙永彬安排到村里的鹅棚打工。孙永彬出于愧疚一直不敢面对齐永光。然而，这一次，孙永彬在大棚修建过程中发现，即便由没有过大规模养鹅经验的孙永臣照顾鹅雏，尽管有一些死亡，但依然会有不错的收益。他意识到自己和于淑红在这件事的判断上有着不小的失误。因此，对于养鹅，他的想法也有了一点改变。

根据专家的建议，新鹅棚最终搭建在村部旁一块地势高、靠近水源、有草甸的地方。一切就绪，鹅雏即将转移。齐永光忙着做最后的检查和路线规划，从旧鹅棚到新鹅棚 30 米远的距离，虽然对人来说只有几步路的距离，对于小鹅来说却很难。此时，小鹅的防水羽毛还没有长出，长时间淋雨，极可能导致死亡。

没想到，小鹅刚出旧鹅棚，就迷失了前进的方向。在雨中，来自黑龙江广播电视台的三位干部组成的工作队以及村党支部书记林兆明等人就小鹅前进路线问题，召开现场会，重新制订方案。由林兆明负责赶鹅，齐永光和李海涛负责引路，庞海江防止鹅群跌入沟渠。光是让小鹅从旧棚到新居就花费了工作队一上午的时间。

或许是孙永彬放弃养大鹅的行为在村里引起了连锁反应，很多村民也纷纷放弃养鹅。为了打消村民养鹅的顾虑，帮助村民熟悉养鹅的流程，村里特地邀请省农科院的专家，举办了养鹅培训专题讲座，承诺养鹅如果出现损失将由扶贫工作队负责。

尽管村里的养鹅培训并没有通知孙永彬，但知道消息的孙永

彬还是悄无声息地赶到了会议现场。培训会上，孙永彬看到村民们
热情高涨，陷入了沉思，养鹅或许不像他想象中那么难。最终，孙
永彬和于淑红还是决定养鹅，并且搭车到县城采购养鹅用具，他本
来已经联系好了熟人，能少花点钱，但是熟人没在，于是只能自己
在市场内比价。精打细算之下，孙永彬将水槽、食槽以及搭建鹅棚
的材料一起拉回了家，共花费了 1000 多元。由于之前的毁约，孙
永彬直到开始搭建鹅棚，才将自己又决定养鹅的消息告诉齐永光，
希望用实际行动化解之前的不愉快。齐永光并没有记恨孙永彬之前
不守契约精神的举动，相反，他热情询问孙永彬养鹅的相关事宜，
并告知孙永彬，考虑到孙永彬家里的特殊情况，村委会和工作队经
过商量，决定不让他按合同双倍赔偿，将来鹅的销路问题，工作队
也会积极协调，确保他能获得收益。

到了端午节，孙永彬和妻子兴高采烈地驱车到 100 多千米外的
明水县挑鹅。然而，让于淑红失望的是订购的 1200 只鹅，并不能
一只一只挑选，而是看着养殖场分鹅。这对于养鹅经验不足的人来
说，很难分辨出好鹅与病鹅。

孙永彬家的鹅来了，于淑红特地回家接上了孩子来帮忙，梁
大麻子屯所有壮劳力再次全部登场，连村党支部书记林兆明也来帮
忙卸鹅，一时之间十分热闹。

夜幕降临，孙永彬和于淑红迎来了鹅雏到家后的第一个不眠
之夜。小鹅落地 4 小时后，必须喝到第一口水，之后每 3 小时喂一
次水。于淑红在喂水的时候，再一次仔细地清点了鹅雏，不自觉开
始憧憬大鹅长大后的样子。

然而养鹅并不是一件容易的事，孙永彬家的鹅雏在接种疫苗
后的第三天，突然出现集体性死亡。于淑红急忙通过驻村扶贫工作
队联系县里的畜牧专家，去镇上抓药。对此专家给出消炎、护肝、

调节代谢、补充维生素四类药物混合使用的药方。应急的药抓回来后，孙永彬和于淑红赶忙将药剂搅拌到鹅雏的饲料中救鹅，但药能否奏效，还要等待时日，观察结果。

盛夏时节的天气，总是让人捉摸不定，几片乌云刚刚飘过，狂风就席卷了过来。孙永彬家鹅雏的遮阳棚被刮倒在地，家中临时顶替孙永彬看鹅的二老束手无策，幸好孙永彬及时赶来，抢修鹅棚。所幸，只是虚惊一场，狂风之后，暴雨并没有来，孙家的每个人都松了一口气。为了尽快医治好鹅雏的疾病，拌好药的饲料即使只剩下一点，于淑红也不舍得扔掉。

金榜题名解文化之苦

7月，孙永彬的二女儿孙悦即将迎来中考。孙永彬对孙悦的期望是，考不上一中就考四中，如果四中也考不上，那就只能去上技校或者在家里帮忙养鹅。

因为考场被安排在县城，学校为了保证学生都能按时参加考试，所以提前一天，统一组织学生集合去县城备考。这段时间，孙永彬夫妇因为一直忙于养鹅，对即将赶考的孙悦都有一些愧疚，于是在出发前，于淑红特意准备了新衣服和苹果，希望能给孙悦带来好运。

三天后，孙悦中考完归来，这次考试似乎对于孙悦来说并不难，她自我感觉良好。

中考对于农村孩子来说，有着极不寻常的意义，因为他们中的很多人都是从高中开始辍学。中考结束的当天下午，班主任特意在毕业班群里发了一条消息，希望大家能继续上学。此时，尽管成绩还没有出来，孙悦已经知道自己有好几个同学不打算继续读高

图 4-2
孙永彬二女儿
孙悦

中了。

　　对于能不能顺利考上高中，孙悦心中还是很忐忑，害怕自己分数不够。为此，于淑红特意去找齐永光，希望齐永光可以帮孙悦找个好点的技校。农村有很多人其实并不明白技校和高中的区别，齐永光听完于淑红的来意后，提出了自己的建议，如果能上学，还是让孙悦去读高中，技校属于直接走上工作岗位的过渡，而高中则可以给孙悦的未来更高的起点，况且孙家养鹅之后，经济状况应该会越来越好，负担孩子的学费压力也会减小很多。于淑红的担心主要在于孙悦的成绩，为了让她们放心，齐永光答应帮忙联系技校，并约定好三天后带于淑红和孙悦去技校看看。

　　但孙悦心中的不安越来越深，抱着最坏的打算，她一个人提前跑去齐永光联系好的职业技术学校咨询情况。招生的老师给她介绍完专业、费用等内容后，就开始催促孙悦尽快抉择。站在人生的岔路口，第一次要为自己的命运做出选择，孙悦一时不知所措。

　　孙悦回了家，告诉孙永彬夫妇技校的基本情况。技校除了基本的生活费和书费以外，实习费、住宿费全免，开销要比高中小很多，而且专业多样，学习三年后很快就能进入社会，工作赚钱，对于农村的大部分孩子来说，上技校也是一条不错的出路。

正在孙永彬夫妇为了后路开始讨论孙悦报技校哪个专业比较好时，孙悦接到了班主任老师打来的电话，原来自己已经被拜泉县第四中学录取了。孙悦得知后十分惊喜，连忙告知于淑红这一喜讯，然而话刚要说出口，却被母亲打断，于淑红正忙，一时没在意孙悦说什么，只让她去把那几只鹅抓出来。看着眼前的鹅群，孙悦回想起多年来，父母为自己、为家庭所付出的种种艰辛，陷入沉思，高中读完还有大学，她担心自己读书的费用给家庭造成更大的负担。此时，于淑红已经和孙永彬分享了女儿考上四中的喜悦，她拍了拍孙悦，让她放心，让女儿安心读书是全家人的期望。最终，孙悦还是如愿开始了高中生活。

大鹅长成解寒屋之漏

2020 年 9 月 3 日，台风美沙克抵达黑龙江，预计 4 小时后将抵达齐齐哈尔市拜泉县。因为储备的精饲料不够，孙永彬特意从地里拉回一车玉米，准备搅拌到一起，以备台风期间鹅群食用。

然而孙永彬尝试了好多次，搅拌机的电压却始终达不到工作标准，孙永彬推断是电熔故障，只好冒雨送到镇里去修。

为了阻止鹅群在极端天气下下水，孙永彬一家已经在台风来之前，围绕鹅棚搭起一个封闭的栅栏，但连续的暴雨还是冲开了栅栏，并且把栅栏和鹅棚旁原有的水塘连成了一片。如果鹅群长时间浸泡在寒冷的水中，将会诱发流感而导致死亡，于淑红赶忙开始圈鹅，封闭通往水塘的栅栏出口，把鹅群赶到还没被淹没的土地上。幸运的是，经过三个月的饲养，孙永彬家的鹅健康、茁壮，对于自然灾害已经具备了一定的抵抗能力。清点完毕后发现，孙永彬家只损失了两只鹅，已是不幸中的万幸。

暴雨停歇，天空恢复了往日的色彩，但暴涨的水流却淹没了不少农田和道路，地里的庄稼也都倒了。雨停后，孙永彬雨停后立刻到地里看了看，满眼狼藉，家里近三成的玉米被台风吹倒，孙永彬尝试了几次也没能扶起倒下的玉米秆。不仅如此，未成熟的黄豆也遭受了暴雨的侵袭。据估算，这次台风将使得家里的黄豆收成减产100公斤，孙永彬十分痛心。

台风过后，齐永光开始组织灾后建设工作。总体来说，值得庆幸的是，很多高岗上收成不会受太大影响，而且，和乐村的贫困户种植的主要粮食作物已经于今年初由县里统一免费上了保险。尽管如此，很多贫困户并不了解具体的保险政策，为此齐永光挨家挨户地走访，告知乡亲们相关事宜，并帮助乡亲们完成保险赔付的相关程序。

经历这次台风之后，孙永彬家的屋顶漏雨愈发严重，能否赶在下一次暴雨来临前筹集到修缮的资金，成为孙家的第三重心事。

工作队的鹅再过几天就差不多出栏了，到时候会统一收购。按照村里的政策，由于毁约，孙永彬家里的大鹅不再参与扶贫，不能由村里统一收购，这一结果也让孙永彬认识到了信守承诺在产业发展中的作用。

县里的畜牧专家在齐永光的邀约下来到村里复查工作队饲养的大鹅，工作队的大鹅顺利通过了健康检查。为了帮助孙永彬家筹集到修房的款项，更为了解决孙永彬家今年的脱贫增收难题，齐永光特意请来县里养殖规模最大的鹅商，希望能解决孙永彬家鹅的收购问题。

由于饲养精心，鹅商在看到孙永彬家的鹅后决定预先支付

3000 元定金，待鹅群长成后再组织批量收购。钱的问题解决了，孙永彬一家可以启动屋顶修缮工作了。但据天气预报，新一轮的台风海神将于两日后登陆拜泉，留给孙家只有不到两天的时间。天刚蒙蒙亮，村里的壮劳力便逐一来到孙永彬家，开始旧屋顶的拆卸工作。为了抢时间，孙永彬必须赶在旧屋顶拆卸完毕前把新材料运回家，这样才能保证屋顶修缮。因为要在一天内完工，孙永彬特意带上最要好的两个村民一起去镇里买屋顶用的彩钢瓦。

由于钢铁涨价，孙永彬去镇上的第一次砍价失败，对方表示不能按照此前电话里约定的那样，按每一米塑钢便宜一元钱的价格把材料卖给孙永彬，现在一吨要涨五六百。孙永彬只好先把事情放一放，先去吃饭。但思来想去，镇上只有这一家钢铁加工厂，去县里时间又来不及，孙永彬只好硬着头皮再次登门，最终孙永彬以不到 3000 元的价格买下了屋顶用的彩钢瓦。彩钢瓦由孙永彬请来的村民先拉回家，而孙永彬则去为招待村民的晚宴添补一些美味佳肴，还让孙悦去冰了些西瓜。

房屋修缮工作由孙永彬开砖厂的二叔负责指挥调度，村民们根据各自技术专长有序分工。修缮工作的第一步是把屋顶现有的旧铁皮拆下，旧的铁皮掀掉后，屋顶的木梁露了出来，有些地方已经出现了腐烂，孙永彬连忙请做木匠的邻居找来免费的新木头更换。在众人的努力下，屋顶的铁皮很快就拆卸完毕，因为只有 3000 元现金，孙永彬没有舍得买砖，屋顶的砖石还将再次利用，因此孙永彬格外爱惜原来屋顶的砖石，生怕摔坏。房屋修缮最重要的一步，就是屋顶彩钢瓦的安装，安装的精细程度将直接影响使用的寿命与效果，因此孙永彬亲自上房督战。

修房子对于和乐村梁大麻子屯来说，不仅是孙家的大事，更是全屯子的大事。村民们站在屋顶，头顶着烈日，脚踏着炙烤的铁皮，此时，没有什么比冰镇饮料、西瓜更能让人畅快惬意的了。孙龙为了博得好彩头，特意请来隔壁邻居为自己理发。白天，村里的全部壮劳力都要过来帮忙，而村里的妇女们则要为辛勤一天的男人们准备一顿丰盛的晚宴。全屯子壮劳力一起动手，孙家的老屋终于换了个样。晚宴开始，村民们也忘记了即将到来的又一轮台风，用自己的方式表达着简单而且真挚的快乐。

丰收季节解销路之难

秋天到了，悄无声息中，和乐村又换上了一层浓郁的金黄色。孙永彬夫妇这几天也在为他们家里大鹅的饲料忙活。鹅已经快要出栏，正是大量吃料的时候，一天就得 12 袋饲料，一顿 4 袋，一天三顿。

于淑红喂的不是乡里农技站提供的专门用来育肥的鹅饲料。而是她和孙永彬根据经验开发出来的玉米棒粉碎后和稻糠的混合物。不过每次喂鹅之前都需要人工筛掉里面的杂物，占用的人力极大。这种喂法，要比直接购买饲料至少节约一半以上的成本。从早上五点开始着手，直到九点多，两口子才拌完了当天大鹅需要的全部鹅饲料。饲料的成分导致大鹅有些营养不全，这也让孙家的大鹅育肥期比工作队的大鹅慢上不少。

深秋时节，连绵的秋雨终于止住了脚步。工作队抓紧时间联系好屠宰场，准备将集体饲养的大鹅进行屠宰，这是和乐村 2020 年消费扶贫的重点项目。因为违约，孙永彬家的大鹅并不在这一次屠宰的队伍中。天刚蒙蒙亮，屠宰公司的车辆就到了和乐村，准备把鹅拉到拜泉的屠宰公司。然而，因为接洽不当，原以为是屠宰公司负责赶鹅装鹅，结果却临时出了变故。工作队成员李海涛只能临时找人来赶鹅。

毕竟是第一年在村里大批量养鹅，工作队员和村干部有些手忙脚乱。一开始大家试图把所有的鹅一次赶上车，但是大鹅四处乱跑，现场十分混乱。后来，养鹅的村民赶来，将鹅群分成三拨，这才顺利地把鹅赶到了装车地方。今年村里一共饲养了3000只大鹅，还剩余1437只。按照今年的价格，大概能卖10万多元。这笔收入，工作队将用于后续的扶贫工作。

这边，天一放晴，孙永彬就开始筹划收黄豆。孙永彬家里将近4亩地，工作量本来就不小，再加上听说后天雨夹雪天气即将到来，孙永彬家地里的黄豆，如果不能赶在雨雪之前收完，将全部烂在地里。也正是这个原因，村里的农机紧俏起来，村民们都急着抢收地里的作物。孙永彬要想在短时间内完成大豆收割，必须要找到大型收割机。但是孙永彬找遍了梁大麻子屯周边的所有村屯，一无所获，路过的每一台农机都让孙永彬羡慕不已。

最终孙永彬和于淑红只能自己上手，用人力收割黄豆。因为忙着收黄豆没有人手给鹅拌饲料，孙永彬家只能把大鹅赶到自家的黄豆地里，让大鹅自行觅食。人工收割不但耗时费力，而且由于没有一次性收割机，黄豆粒还有不少洒落在地里。在收割机的协助下，黄豆的豆粒、豆皮、豆秆可以被一次性分离，但现在孙永彬夫妇只能把黄豆整体先拉回家。因为家里人手不足，孙永彬的母亲也上来帮忙，把洒落在地上的黄豆粒精心挑了出来。

为了赶在下雪之前把黄豆归仓，孙永彬多方联系，找到了一辆极为破旧的脱粒机，开始脱粒。孙永彬除了要按使用时间给付工费之外，还要负责给脱粒机加油。结果，老旧的脱粒机意外状况频发，在黄豆的脱粒过程中，孙永彬多次停下来修理机器，不断停下的脱粒机让孙永彬又得多付钱。因为脱粒机经常罢工，一直到天快黑才完成了全部脱粒。脱粒完成之后，孙永彬还仔细检查了脱粒机的内斗，方才让脱粒机离开。

夜幕来临，孙永彬夫妻的劳作还要继续。因为担心明天会降雪，他们要连夜把豆皮卖掉。一旦受潮，豆皮将卖不上价钱。终于，孙永彬今年的最后一车豆皮也卖完了，7车豆皮总共卖出3500元。今年的粮食价格不错，孙家迎来了踏踏实实的丰收季，刚好后面几天又恰好迎来了一个大晴天，趁着这短暂的晴天，孙永彬的母亲还腌制了些过冬吃的咸菜，这样就省下了买咸菜的钱。

接下来，天气转阴，雨雪即将来临，大鹅的处境同样让孙永彬发愁。一旦气温陡降鹅群就会有危险发生，预定的鹅商最终只购买了100只成鹅，剩余的将近800只大鹅必须马上出手。但因为市场上鹅价偏低，于淑红希望自己家的鹅能够按照村里消费扶贫的价格销售，于是再次找到驻村扶贫工作队。

为了能要到一个理想的价格，于淑红特地向齐永光展示了这几个月养鹅的账本，嘴里念叨着今年的场地费、饲料费花钱不少，最起码不能赔本。但齐永光一眼识破了账本的端倪——账本很明显是一次性写的，中间还撕了好几页，眼前的账本显然做过手脚。齐永光最终无奈表示，市场价是多少就是多少，他只能尽量抓紧时间联系合适的买家，把大鹅尽快处理完。

预报中的雪如约而至，气温迅速降到了零摄氏度以下，大兴安岭南麓的和乐村提早进入了冬季。于淑红没有等来工作队的消息。面对即将断粮的鹅群和更冷的天气，他们决定把大鹅屠宰之后冷冻起来，这大概也是他们眼下最好的一个选择。孙家联系好了屠宰大鹅的工作人员，并决定用鹅内脏抵扣屠宰费用。但是每月1000元钱的冷冻费用没有办法省掉。不过好在东北的冬季就要到来，室外就是天然冷库，这样孙永彬也就只是需要支出1000多的

图 4-3
孙永彬和妻子
卖鹅

冷冻款。尽管又增加了一笔支出，但是他们也没有更好的选择。

　　一上午，大鹅屠宰冷冻完成，只是鹅的销路仍然困扰着孙永彬一家。为了帮助孙家卖鹅，齐永光特意联系了国家开发银行，他们对于扶贫工作十分重视，决定以公家身份定下大鹅，将鹅肉运至哈尔滨，定价这边由孙家决定，这个好消息让孙永彬两口子高兴的同时又再次拿起了账本，计算着养鹅的一笔笔开销。

　　在大家的共同努力下，孙永彬家克服了重重困难，在丰收季迎来了不错的成绩，一直难以处理的大鹅也终于找到了销路，计算完养鹅的种种成本后，这次，家里的大鹅究竟卖还是不卖？又该以怎样的价格卖？孙永彬家未来的故事仍在继续。

（整理人：李晓霞）

（二）使命担当：扶贫工作靠"走心"

| 《和乐村里和乐事》第一书记齐永光扶贫手记

"驻村扶贫工作必须走心。"这是黑龙江广播电视台派驻齐齐哈尔市拜泉县三道镇和乐村扶贫工作队的座右铭。

和乐村距离拜泉县城 33 公里，偏远闭塞，没有近水楼台的发展环境；有洼有岗，属大兴安岭东部连片贫困区；特别是村党支部曾经是涣散党支部——天时地利人和一样不占。全村户籍人口 577 户 1752 人，建档立卡贫困人口 83 户 202 人，贫困发生率为 11.53%。

作为黑龙江广播电视台驻拜泉县三道镇和乐村第一书记、驻

图 4-4
第一书记齐永光
（左二）

村扶贫工作队队长，我深切地感受到，龙广电驻村扶贫工作队几年来走心实干，扎根和乐，建设和乐。和乐村贫困户实现整村退出，如今无一返贫，靠的就是"走心"。

自从我驻村的第一天起，就清醒地认识到脱贫攻坚是场硬仗，要脱贫，必须抓产业项目，产业项目是实现和乐村脱贫致富的金钥匙。于是，工作队千方百计抓产业项目，为和乐村百姓增收打下坚实基础，成为我们开展工作的头等大事。

工作队最早在和乐村推进的扶贫产业项目，就是林下黑猪养殖，这个选择的理论基础就是"实事求是"。这个项目有基础、有条件、有亮点。

有基础。生猪养殖是和乐村的传统，几乎家家都有独立的猪舍；村民有技术，全村户均养殖规模都在每年 20 头以上。村里养猪时间最长的已经超过了 20 年。但是前几年，生猪价格起伏不定，村里猪舍逐渐闲置。

有条件。习近平总书记说，绿水青山就是金山银山。和乐村山清水秀，大片人工林就是全村脱贫致富的金矿。工作队把一片 360 亩的人工林地利用起来，搞林下生态养殖。在林地里养猪，养东北黑猪。

有亮点。为了让林下黑猪有更好的市场前景，工作队每天让黑猪钻林子，吃嫩草、嚼草籽、啃蘑菇，黑猪在林中自由地奔跑、觅食，松子、野果、野菜、树叶都是他们的最爱。这种半野化的生态养殖方式，黑猪更健康、更营养、更有卖点。肉质细嫩、肌肉弹性好，是真正的绿色生态健康猪。

2016 年，和乐村林下生态黑猪专业饲养合作社挂牌，养殖黑猪 1200 头，带动贫困户 35 户。在派出单位黑龙江广播电台的支持下，工作队制定了"广电＋院所＋合作社＋贫困户＋龙头企业"的"五位一体"项目运作模式。龙广电投入 80 万元公益基金保障风险，提供宣传助力和回购；工作队对项目进行全程监管；省农科院提供优良品种、优质饲料和全程技术指导；贫困户以现金、贷款、土地流转饲料地等方式入股；龙头企业提供仔猪，并负责回收商品猪。

2017 年农历小年当天，大伙儿齐集一堂，入股贫困户户均红利 2000 元。2018 年，全村贫困人口人均增收 500 元。2019 年，黑猪养殖为村级合作社增收 81850 元。在这个过程中，我是驻村扶贫的火炬传递者，是脱贫攻坚久久为功的接棒者，正是因为连续三任第一书记目标一致、持之以恒的接力跑，才有了和乐村扶贫产业项目的开门红。

尝到了资源有效利用的甜头，为了能给和乐村留下更多的生财之道，在台里支持下，2020 年初我们决定启动林下白鹅养殖项目。在反复研究和论证的基础上，我认为和乐村有三大优势，占尽天时地利人和。第一和乐村有丰富的林地资源，村里还有池塘，具备养殖大鹅的自然条件；第二村里家家户户基本上都养大鹅，数量少，但是有技术；第三，也是最重要的，经过多方协调，促成了派出单位黑龙江广播电视台与和乐村以大鹅作为消费扶贫的产销对接。有了销路保证，扶贫项目就有了底气。

为了养好大鹅，我发动自己的人脉资源，联系上了依安县多家大鹅养殖专业户和孵化场，我带领工作队和村两委主要成员专程到依安县考察，学习经验，参观考察，研究技术，比对价格。最终确定了仔鹅供应商，争取到了质量保证和相对优惠的供应价格。经过充分调研和论证，工作队引进依安县优质的大三花白鹅，搞林下生态白鹅养殖。

5 月，4000 只鹅雏来到和乐村，村民认领 1000 只，工作队集中养殖 3000 只，新的致富希望开始萌芽。分别养殖的目的，就是为了摸索出一条成功的模式，为长期推进打基础。回头看，无论是养殖规模，还是养殖模式，都是科学的。一方面风险可控，特别是对农户散养来说，损失风险在可承受范围之内。另一方面，根据不同模式的损失和生长情况，工作队初步摸索出一种更合理的养殖方法。年底和村民一算账，这个项目整体收入34.01万元，户均增收4320元。

不冒进，从尝试做起，这也是实事求是。

几年来，工作队在和乐村推进的林下黑猪养殖项目、日光温室种植项目、原原薯种植项目、林下大鹅养殖项目、光伏发电项目等，每年为全村贫困群众人均增收近2000元，带动劳务收入30万多元。

身为第一书记，长时间置身农村的现实环境，每天和农民朋友打交道，要扶贫既要扶"志"也要扶"智"，逐渐变成一种融在血液里的感受。

村民张国和是贫困户，爱人是聋哑人，儿子正在读高中。家里条件窘迫。张国和家的情况在和乐村非常典型。全村因残致贫16户42人，占贫困人口五分之一。

和绝大部分农村青壮年一样，张国和选择外出打工，家里留下老婆孩子，老婆残疾，孩子上学。夫妻异地，城乡守望，孩子父爱缺失，这是在农村普遍存在的问题。张国和不外出打工，家里就没钱，外出打工，家里就没人照看。他自己面对的撕扯和煎熬，外人无法体会。

因其普通，更具典型意义。张国和的贫困是农村千百个贫困家庭共同面对的，他们不缺努力生活的勇气，不缺对美好生活的向往，但是贫困就是各种现实条件织就的一张蜘蛛网，一层又一层地把勇气和信心捆绑起来，贫困户在这个泥潭里苦苦挣扎。怎样破局?

我和工作队队员多次上门进户劝说张国和用小额扶贫贴息贷款搞养殖，但是张国和说啥也不愿意贷款，那态度八头牛都拉不回来。

这同样是一个颇具典型性的问题。对贫困户来说，有贷款，是个很有压力的事儿。想办法少花钱，甚至不花钱，量入为出，几乎是所有贫困户对抗贫困的唯一办法。贫困给贫困户带来的，不仅是日子窘迫，更可怕的是，贫困—短视—错失机会—继续贫困，这是一个可怕的怪圈。让人畏首畏尾，患得患失。贷款就是饥荒，日子是不是更难过?

脱贫，首先要让大伙儿重建信心。

著名的历史学家黄仁宇提出，中国缺乏"数目字"意识。扶贫工作队做了一件事儿，那就是给大伙儿"算账"，帮助大伙儿看清楚，我们要怎么战胜"数目字"带来的无形压力。把账算清楚了，大伙儿心里就有底。

张国和最终贷款 2.5 万元，买了 30 只绵羊。

我们联系专家，为张国和提供技术指导；帮他跑手续，办贷款，想办法解决实际困难。付出总是有回报的。两年过去了，如今张国和已经是一大群绵羊的主人，更有内蒙古客商上门买羊，销路不愁。如今，他如期还清了扶贫贷款，羊群也在不断壮大。张国和深有体会地说，啥也不干不吃苦，日子就会苦；要想挺起腰杆儿，就得吃苦。吃得苦中苦，方知甜上甜。

这是一个非常平凡的故事——东北农村的一户贫困人家养羊脱贫。但是这个故事折射出来的社会问题是深刻的。对于我这个第一书记来说，这又是一个极好的启示：只有真正走进百姓的心里，才知道他们的真实想法，也才能提出可操作的解决方案，才能实现精准扶贫。

　　脱贫不是一村一屯的事业，而是关系国计民生的三大战役之一。驻村扶贫更不是单打独斗，需要广泛的社会支持。这也是派出驻村扶贫干部的应有之义。积极发动全方位力量，为群众解决实际问题，这也是我们工作队的重大责任和使命之一。

　　走心，就是要把自己变成村里人，和乡亲们一起生活，切身感受村里的基础设施还有哪些不足，大伙儿在什么时候需要什么帮助。仅 2020 年和乐村就完成了两项基础设施建设。一个是边沟，一个是入户桥涵。实现了村屯路边沟全覆盖，修建入户桥涵共 232 个，实现常住户全覆盖。这是进入百姓家门的最后一小步，也是落实党的便民好政策的一大步。如今和乐村旧貌换新颜：水泥路像蜘蛛网一样把每个自然屯联结在一起，房屋分列两侧，龙广电捐赠的铁栅栏整齐划一，栅栏与道路之间，是新建的水泥边沟，光伏电站在山坡上静默矗立，黑猪养殖场掩映在绿树丛中，日光温室里绿意盎然，红色的千禧西红柿缀满枝头。一个现代化新农村已经呈现出了蓬勃生机。

　　想群众之所想，急群众之所急，在全心全意为村民谋幸福的基础上我带头四处"化缘"，为村里送来秧歌服装，解决了村里扭秧歌没有服装的难题，丰富群众业余生活；为建档立卡贫困户党员送上价值千余元的羽绒服，带来冬日的温暖；积极协调省工商联投入 16 万元，为全村常住人口连续三年购买人身意外伤害医疗保险；协调单位投入资金 10 万元，各部门捐赠物资 5 万元，工作队协调物资 30 万元，启动运营省内首家扶贫爱心超市；连续五年春耕前送来化肥；派出单位员工每年捐款 22800 元，解决两位贫困大学生的学费；协调中国电视艺术家协会供资金 20 万元为和乐村所在的三道镇中心学校创建扶贫攻坚特色"影视小屋"，提升农村学生的融媒体素养，进行具有广电特色的文化扶贫；为贫困户孙永彬奔走解决大豆检测销售和 4000 元猪肉消费扶贫的难题，并协调出版单位为其女儿孙婷免费赠阅一年《小学生学习报》；带着专家到村里搞义诊，讲法律，讲技术……两年来我们协调 100 余万元各类资金、物资扶贫助困。看上去这些都是百姓身边事，处理好这些柴米油盐的小事，是驻村扶贫的重要内容，是第一书记和扶贫干部的本分，也是树立党在农村伟大形象的客观要求。

两年来，我们坚持一手抓捐款捐物、产业项目等硬件扶贫，一手抓党建、文化、消费等软件扶贫，探索软硬件集成扶贫模式，和乐村受益资金额逾千万元。

从 2019 年上半年驻村扶贫以来，我越来越能体会到精准扶贫是不折不扣的攻坚战，要想赢得最终的胜利，既需要"走心"，更需要用钢牙啃硬骨头的精神，需要一场战斗接着一场战斗去打，只有这样才有希望获得全胜。每当夜深人静，在驻地听着雪落的声音，回想起来我经历的"战役"还真不少：

连夜抢救马铃薯种苗是一场驻村扶贫阻击战。2019 年夏天阴雨连绵，持续了数十天，本来就已经使我们村的马铃薯种苗扶贫产业项目岌岌可危，8 月 7 日半夜突降的一场暴雨几乎酿成这个项目 10 万株种苗的灭顶之灾。我披上雨衣，拽把铁锹，叫上工作队队员和村支书，趟在没膝的泥流中，拼尽全力去抢救还没有一支钢笔高的秧苗。遮挡、围堵、疏导……忙活得浑身大汗，手脚都磨起了泡。后来在村民的支援下，终于保住了这分外金贵的种苗。

阻断非洲猪瘟、确保林下黑猪养殖项目顺利完成是一场驻村扶贫阵地战。2019 年，非洲猪瘟的蔓延对我们村 350 头扶贫黑猪养殖项目构成了严重威胁。我以工作队的名义向省农科院、县畜牧局请求技术支援，会同村两委、养殖合作社全面做好疫情输入隔断和防控工作，最后在扶贫单位黑龙江广播电视台的大力支持下，疫情被我们阻断在村外，年底前完成生猪出栏、加工、销售和结算的全流程工作，收获了这一扶贫项目的胜利成果。

帮助贫困户解难题办实事是一场又一场驻村扶贫运动战。村民刘文学和楚建武两家本是隔着一道篱笆的邻居，却因为垄沟排水结下了梁子，为化解矛盾，我记不清实地走访、调解了多少次；村民孙永彬、孟凡华想办理低息或无息小额贷款来搞种植和养殖业，我也说不准向镇领导和信用社负责人一遍遍申请了多少次；入冬后，自来水管受冻出现故障导致停水，我也不知道打了多少个电话，跑了多少趟县里市里才买到配件最终维修好……

抗击新冠肺炎疫情是一场驻村扶贫遭遇战。没有人能料到疫情传播的速度如此之快，2020年春节前我和村支书就已经取消了好几次全村性集会。春节期间，为加强全体村民防护意识，我紧急协调了黑龙江广播电视台主持人录制不同版本的音频广播，制作了快板、讲故事等多种形式的防疫公益广告，轮番在全村6个自然屯的大喇叭进行播放，又协同村里组织印制宣传单逐户发放，随后抽调专人联防联控各屯进出口，严格执行上级部门防疫的各项要求，确保拒病毒于村屯之外……

"战役"的间歇，我脑海里总是记得这样的场景：2020年初农历小年那天，我带领工作队和台领导在村口迎接四位省内知名书画家，现场给村民写春联、送福字，看到村民脸上洋溢的笑容，我感受到了满满的祥和、欢乐的年味儿，这是儿时才有的过年的感觉。还有每次当我把一份份大米、木耳、豆油等社会捐赠物资，送到村民手上，放到贫困户炕头儿的时候，听到他们一句句朴实的"谢谢"，我更是感觉到了作为驻村工作队一员和每个村民一样有着沉甸甸的获得感。每当这个时候，我就更加深刻地理解了《诗经·小雅·鹿鸣》中"鼓瑟鼓琴，和乐且湛"这句话之于和乐村的含义。

尽管冰雪依然覆盖着和乐村的黑土地，但村部旁边树梢上的鸟儿逐渐多了起来，春天的脚步已然向我们走来。我很荣幸，亲身参与了脱贫攻坚的国家战役；我很庆幸，自己作为第一书记能够与和乐村结缘。我坚信，在脱贫攻坚转向乡村振兴的宏大叙事背景下，和乐村必将变得更加富足、更加美好！

（三）记录者说：讲不出的"答案"

┃《和乐村里和乐事》导演魏春桥手记

计划去黑龙江拜泉县和乐村拍摄孙永彬过春节，整个过程特别漫长。虽然频道没有特别的要求，但是总是心里念着这个事，总想着跟出点什么故事来。所以 2021 年的元旦一过就开始筹划。然而随着黑龙江的疫情越来越严重，春节眼看都要到了，黑龙江那边也没给消息，最后我们几个都开始买各自回家的车票了。这个时候突然接到村里的电话，说只要有核酸检测阴性报告就可以去了。这让我们有些意外。后来到了之后才知道，这期间孙永彬做了不少工作。

冬天去齐齐哈尔拜泉县和乐村，最让人震撼的就是冬天东北茫茫的大雪原。拜泉县不通高速，去和乐村，要从海伦转车，然后还要走上一段乡道，在乡道上给人的感觉就是漫天皆白。天是白的，地是白的，黑色就是中间的树，偶尔有鸟飞过。

和乐村梁大麻子屯不大，原先有一百来户人家，目前空房子占了村里绝大多数，常住户也就是十来家。即便春节将至，似乎也还是从前的老样子，第一眼看到小村子，除了白色之外，还能看到一些彩旗在飘舞，这也提醒我们，春节快到了。

电话里，孙永彬听到我们来了之后很热情，也很兴奋。过了一会儿，两口子扭扭捏捏到我们旅店来，意思是说他们家今年养的

图 4-5
《和乐村里和乐事》摄制组拍摄

大鹅销路成问题，能不能让我们帮他们再跟驻村扶贫工作队说一下。他们的大鹅问题也是和乐村的一个大问题。在村里搞扶贫养鹅之初，孙永彬报上来 3000 只大鹅的养殖计划，但是自己随即反悔，把驻村扶贫工作队气个够呛。最后只好工作队自己养，算作村里集体资产。后来孙永彬一看养鹅前景不错，又动起来养鹅的心思，并且买来了 1200 只鹅雏自己动手。销售的时候问题就来了，村里的鹅被当作集体产业享受到政府驻村消费扶贫的政策，统一收购，而且价格不低。但是孙家的鹅因为孙永彬毁约在先，没有办法统一纳入计划。

孙家的鹅也是驻村扶贫干部齐永光的心病。全村 200 多户人家的眼睛盯着，没有办法纳入消费扶贫计划，只好凭着自己个人的关系东奔西走帮着孙家卖鹅。即便如此，有一天在村里，孙永彬遇到了老齐，还当面质问老齐没有给他家的鹅找到销路。扶贫先扶志，志智双扶，这显然是工作队工作的难点之一。

见面之后，孙家两口子一直跟我们说，齐书记听我们的话，让我们直接跟老齐沟通。其实我们也都知道，驻村扶贫干部也不是神仙，老齐已经自掏腰包买了 100 多只鹅，还帮着孙家推出去了 300 多只，剩下的他也没有什么好办法。驻村扶贫干部在村民看来可能是一方能人，放到省城，其实也就是一个普通人。失去了单位政策的支撑，个人的力量还是有点微不足道的。

我们这次拍摄之旅从头开始就蒙上了一层卖鹅的影子。

我们包车的司机老王曾经在当地农村生活多年。他提出能不能试试去集市上试着卖一下。孙永彬开始是很反对的，后来拗不过我们，同意了。说实话，这也是我们一个小小的私心，也想看看能不能在集市上找到一点销路，拍到一些素材。60 多公里的路，孙家借来的车还被冻了，打不着火。孙永彬最后坐着摄制组的车去了

图 4-6
《和乐村里和乐事》摄制组拍孙永彬一家过年

集镇。

鹅非常好卖，半小时销售一空，可惜的是孙永彬只带了 20 只。我们问孙永彬难道不能自己去镇上摆摊吗？他想了半天说，冷啊。

孙永彬过年除了从村里分到年货之外，自己还买了一些装饰性的彩灯，我观察到这些花费大概也是他春节期间最大的一笔消费，约有 600 块钱左右，我问他为什么要买这些彩灯，他想了半天，告诉我们说大家都买，或许他自己也不清楚答案是什么。

我们离开拜泉的时候，天气升温了不少地方，雪都开始化了，黑色的原野看起来很有力量感，不过听孙永彬他们说现在在乡下，愿意种地的人并不多，他之所以种地，也是迫不得已。

拍摄结束之后，孙永彬打电话告诉我，说今年他和妻子于淑红决定出门打工，我问他，他年迈生病的父母和岁数比较小的孩子怎么办？他想了一会儿，跟我说俺们屯子这边都这样。最后他又特地跟我提了一下他家院子，后面的路现在雪化之后特别泥泞，能不能想办法给工作队沟通一下？帮他们修一下。

攻坚日记

五

嘎查纪事

扫码收看《嘎查纪事》

（一）攻坚之路：父爱如山

科尔沁左翼中旗是蒙古民族和科尔沁文化的发祥地之一，也是全国县级区域蒙古族人口最多的旗县，隶属于内蒙古自治区通辽市。从旗政府所在地向西北走 86 千米便是扎布萨日嘎查。嘎查，就是村子的意思，这里的村民全部由蒙古族组成，是一个典型的少数民族村寨，李阿乐坦嘎日迪一家就世居在此。

2019 年对于李阿乐坦嘎日迪而言是沉重的一年，父亲在 9 月因为尿毒症、糖尿病医治无效去世。为了给父亲治病，家里的 100 多只山羊全都卖光，这个家庭也已经欠下了高额债务，而母亲关玉小患有慢性病，妻子、女儿也有重度残疾，已经丧失了劳动能力，屋里屋外、田间地头的一切活计只能依靠李阿乐坦嘎日迪一人。

图 5-1
李阿乐坦嘎日迪

2019 年底，李阿乐坦嘎日迪被识别为建档立卡贫困户，政府为他购买了两头扶贫牛，后来，其中有一头生病了，而这头牛在几个月后就要生产，如果因病流产，于他而言将是一笔不小的损失，李阿乐坦嘎日迪为此很是发愁。

贷款买牛渡难关

2020 年伊始，一场突如其来的疫情席卷全国。到了 3 月，随着疫情渐渐得到控制，通辽市新冠肺炎防控工作指挥部发布通告，全面恢复生产生活秩序，对境外和国内重点地区来通辽人员实施精准管控，全面做好复工复产，严格落实中央、自治区复工复产相关要求，扎布萨日嘎查的春耕也在此时缓缓拉开帷幕。

和春天一起来到扎布萨日嘎查的，还有骤起的风沙。白国林是扎布萨日嘎查扶贫工作队的第一书记。如何帮扶仅剩的贫困户，最终使他们脱贫，是白国林今年工作的重中之重。在剩余的贫困户中，李阿乐坦嘎日迪家中的情况最为棘手，他家中孕牛的病还在治疗，马上又到了播种时节，他再也没有钱来购买急需的种子和化肥了。这个问题不能解决，他就会失去目前最重要的收入来源，为此，李阿乐坦嘎日迪只能奔走借钱，但正值春耕时期，正是用钱的时候，没有人愿意借钱给他。

周末，白国林和搭档孟格日乐在整理今天的走访情况。天气寒冷又回不了家，两人围着火炉喝了几杯，便聊起了李阿乐坦嘎日迪的情况，扶贫工作队希望能帮他贷到扶贫贷款，助他渡过难关。

牛，对于蒙古族来说，不仅仅是重要的生产资料，同时还是财富的象征。李阿乐坦嘎日迪曾经学过畜牧技术，如果能贷到扶贫贷款，扶持他开展养殖业，日子也许就会慢慢好过起来，但以他的

图 5–2
当地村民养的牛

条件想要争取下来这笔贷款，并不是一件容易的事。

3 月的通辽突降大雪，这天早晨，宝龙山镇信用社的信贷员开展了入户调查。李阿乐坦嘎日迪介绍了一下自己家中的情况，带信贷员去看自己家的牛，一番下来，贷款的事也有了点底儿。2020 年是我国脱贫攻坚决胜之年，春节以来，宝龙山镇全镇的干部至今还没有休息过。白国林的儿子即将成家，家里的事他却一点时间也抽不出来，生怕分心给扎布萨日嘎查的扶贫工作拖后腿。

很快，信用社告知李阿乐坦嘎日迪符合放款资格，要他第二天去办理征信，这次预计能够给他贷款 5 万元。等这笔钱下来，他就可以再买几头牛，还能把今年春耕用的种子化肥一并购齐，这个消息总算让他松了一口气。自从为了给父亲治病而卖光家中的羊后，这片贫瘠的土地就是李阿乐坦嘎日迪的整个世界，全家所有的收入都来自这几亩薄田。扎布萨日嘎查土地贫瘠，一亩地大概能产 1200 斤粮食，种植方面投入得多，收益却少，因此，扶贫工作队将扶贫重点放在了买牛买羊、农牧结合上，这样下一个牛犊，基本顶得上贫困家庭一年的收入。

　　然而第二天的征信调查出了大问题，信用社发现李阿乐坦嘎日迪在其他银行有 4 万元的贷款，他的征信调查没有通过，重新燃起的信心也再次被现实浇灭了。白国林在脱贫工作期间遇到过不少类似的情况，但这是李阿乐坦嘎日迪救命的钱，即使困难重重，也得努力把贷款拿下来，帮助他家达到脱贫标准。

　　这边，李阿乐坦嘎日迪还不时收到催他还债的电话，然而家里的牛犊还没出生，春耕的钱也没解决，父亲生病期间的欠款也只能一拖再拖。为了帮助李阿乐坦嘎日迪，一大早白国林找到了宝龙山镇镇长苏洪涛，希望他出面和信用社协商，解决李阿乐坦嘎日迪的扶贫贷款问题。苏洪涛将扶贫贷款的使用计划清清楚楚地告诉了宝龙山信用社主任陈长顺，陈长顺虽然很认可政府监管的做法，但是这笔贷款他依旧做不了主，他需要向上级单位科左中旗信用联社汇报，最后才能决定是否为李阿乐坦嘎日迪放贷。

　　贷款依旧没有着落，白国林只能匆匆回到村子，因为今天还有一件事没有处理，兽医站的工作人员要来给李阿乐坦嘎日迪家的牛复诊。经过这段时间的治疗，孕牛已经康复，牛胎也保住了。但这件事却给了白国林一个警示。今天和兽医一起来的，还有保险公司的工作人员，在确认完牛的健康状况后，他们准备给牛上保险。李阿乐坦嘎日迪家情况比较特殊，要是牛生病或者流产，对于本就捉襟见肘的家庭来说就像天塌下来一样，保险对他们家来说是花小钱买个心安。

　　焦急等待了两天，李阿乐坦嘎日迪终于等来了一个好消息，科左中旗信用联社同意为李阿乐坦嘎日迪放贷，这笔钱最终将用在买牛上。受到疫情影响，关闭了两个月的牛市在近期才再次开集，和众多买牛者形成正比的是水涨船高的牛价。他想要买 3 头临产的孕牛，这样的话，未来几个月内他就会有一笔收入。牛能卖上价，这对于李阿乐坦嘎日迪来讲本应该是件好事，但今天他却颇为紧张，此刻他担心的是自己带的钱不够。

李阿乐坦嘎日迪在牛市转了半天，也没有发现各方面都符合自己要求的牛。牛市已经接近尾声，如果还买不到牛，就只能等下次开集了。经过一番认真挑选和砍价的口舌之争，李阿乐坦嘎日迪终于在闭市前买到了 3 头牛，他在白国林和村干部的见证下和店家签订了买卖协议，这三头承载着希望的牛终于属于他了。

"早上起的比太阳早，赶着饥饿的牛，奔走在高坨子前后，度过这漫长日子的我，落后于美好时代的脚步，成为了牧民，因为一棵茂密的树离别时的一滴眼泪，迟早要分离，不为意志所左右的命运……"返程的路上，平日里沉默寡言的李阿乐坦嘎日迪唱起了蒙古小调，家里本来就有两头牛，现在又新添了这三头牛，他相信未来的日子应该会好一点。

养牛种树齐上阵

自从李阿乐坦嘎日迪贷到款，从牛市买回来牛，就一直在为这五头牛忙活。好消息传来，这其中一头牛的预产期已经不足一个月，兽医站工作人员今天上门，来给李阿乐坦嘎日迪做产业辅导。因为分属不同的种群，这五头牛在一起时经常顶架，如果孕牛因此受伤，对于他来说将是无法承受的损失。

现在的牛舍是李阿乐坦嘎日迪曾经用来养羊的，面积狭小，无法将这些牛隔开饲养，为了让这五头孕牛顺利生产，牛棚扩建的事已经迫在眉睫。此时，通辽突降大雪，气温骤降达 20 度，倒春寒的情况在往年也时有发生。即使天气寒冷，牛棚的建造工作也已经开始了。为了建造新的牛舍，李阿乐坦嘎日迪准备拆掉自家后院已经失去使用价值的旧房。为了完成这个工程，白国林和孟格日乐今天成了这家的劳动力。在他们下乡包村的十来年里，这是稀松平常的事情。

图 5–3
牛棚修建工作
启动

　　由于施工时间紧张，村集体拿出集体受益资金为李阿乐坦嘎日迪找来了铲车，今天的任务是将后院的土地平整工作完成。然而，天气恶劣，铲车又出了故障，司机师傅很快就想收工了。可铲车出工的费用并不便宜，白国林希望还是按照原计划，今天就能把土地平整工作完成。

　　费尽周折，铲车终于修好，今天的施工计划勉强可以完成。牛棚和配套设施建设，政府有 15000 元的项目资金补助，但是这笔钱必须要等建筑完工后，才能拨付。扶贫工作队要做的工作还有很多。

　　这天夜里，白国林接到电话，家中突逢变故，他的妻妹突然去世，直系亲属都不在身边，只得由他主持大局。宝龙山镇党委副书记王瑞刚下乡回来，就接到了白国林的请假电话。扶贫干部人员紧张，为了扶贫工作正常进行，只能暂时由他顶替工作了。

雪已经下了一天，但依旧没有要停的意思，反而越来越大。王瑞今天的工作是去砖厂，把李阿乐坦嘎日迪建造牛舍的砖先赊下来。尽管王瑞苦口婆心与砖厂交涉，使尽了浑身解数，但这次砖仍然没能赊下来。村里得知这个消息后，本来谈好的施工队也不想干了，他们急着去接别的活。农忙时节临近，施工队很不好找。为了不影响建筑进度，王瑞安抚好施工队后，连忙找到了宝龙山镇党委书记付哲群，希望他出面解决牛舍用砖。为了扶贫工作顺利进行，付哲群表示愿意帮忙，并且扶贫资金也会在工程验收后落实。

随着疫情缓解，各行各业都在复工复产，建材行业对于砖的需求量激增，砖厂刚刚复工，每天的产能达不到市场需求，为李阿乐坦嘎日迪赊的砖被排在三天后。

自家后院的土地已经平整好，雪也停了，对李阿乐坦嘎日迪来说，这场雪来得太及时了，因为播种工作马上就要开始，雪刚好给土壤补充了水分。在等砖下来的时间里，他正在完成后院的灭茬工作。十来天后，他就要和往年一样，把玉米种子播下去。

为了提高贫困户的收入水平，扶贫工作队建议李阿乐坦嘎日迪栽一些果树，但想要让李阿乐坦嘎日迪一家改变世代形成的耕种习惯并不容易，他从来没有果树种植的经验，如果种树失败，他担心不仅这一年的劳动会付诸东流，还会因此赔钱。为减轻李阿乐坦嘎日迪的顾虑，王瑞决定带着他前往果树基地，希望通过实地了解来改变他的观念。

果树好种好管理，市场收益稳定，尽管由于果树需要一定的成长时间，短期内经济效益无法保障，但长远来看，一定比李阿乐坦嘎日迪单纯种植玉米赚得多。对于扶贫工作队来说，扶贫工作应

图5-4
王瑞（右）正在
给李阿乐坦嘎日
迪（右）做思想
工作

更是为了贫困户未来有更好的生活质量，整体提升生活水平。在王瑞的劝说和他的实地观摩下，李阿乐坦嘎日迪决定种植果树，他现在除了喂牛，还需要照料果树。

众志成城建牛舍

家禽、家畜自古以来就是农村附属的产品，在种田之余，家中养一些鸡鸭，属于乡下人家标准的配备。新一年的小鸡下来了，一只3元钱，李阿乐坦嘎日迪的母亲干不了重活，她养了几十只。年底的时候，这种家中散养的鸡拿到市场上，一只就能够卖到80元钱。然而，李阿乐坦嘎日迪家突然死了一只下蛋的鸡，家中养的鸡不多，下蛋的鸡更是重要，这个损失让他很心疼。

尽管有意外发生，但好事也悄然来临。农时临近，今天，科尔沁左翼中旗宝龙山镇准备为贫困户发放5000亩地的玉米种子。白国林处理好家事，带着李阿乐坦嘎日迪来到现场，这对于李阿乐坦嘎日迪来说是个惊喜。顺利拿到种子后，李阿乐坦嘎日迪这两天

图 5–5

为贫困户发放玉米种子的现场

一直忙于给自家的田地施肥。但是关于种什么的问题，扶贫工作队和他产生了分歧。

为了保护生态，科尔沁左翼中旗全年禁牧，牛只能圈养。而李阿乐坦嘎日迪的牛将会越来越多，草料就会成为最大的问题。白国林希望他拿出 10 亩耕地来种青贮玉米，用青贮玉米来作为牛的草料，这个问题就将迎刃而解。仅拿自家后院的两亩地做试点来种果树，他还算认可，而一下子拿出 10 亩地种青贮玉米，这对于李阿乐坦嘎日迪以往的生产经验来说是天翻地覆的改变，他的心中充满疑虑。为了说服李阿乐坦嘎日迪，白国林给他算了笔账，一头牛一天 30 斤草料，10 头牛就是 300 斤草料，两毛钱一斤，一年下来得要 10 多万斤草料，要是买的话，那成本就更高了，但如果是自己种植 10 亩地的话，就能得 8 万多斤青贮玉米，从成本方面讲的话，10 亩地才 2000 块钱，却得了 8 万斤草料，是很值的。听了白国林的话，李阿乐坦嘎日迪豁然开朗。

这几天，砖也终于下来了，牛舍明天就开工，来砖厂搬砖的李阿乐坦嘎日迪今天格外高兴。然而搬砖很快就遇到了困难，拉砖的车被陷住了，李阿乐坦嘎日迪和白国林沟通，希望能找到一台铲车。可找来的铲车力量不够，而且缺配件，遇到的拖拉机师傅也没有帮到忙，此时已经晚上六点了。他们现在只能选择等待第二辆砖车到来，再把第一辆砖车拉出来。终于，砖车被拉出来了，虽然比计划中晚了几个小时，好在平安到家。第二天，李阿乐坦嘎日迪的牛舍，总算能够按计划正常施工。

扶贫工作中，一砖一石都来之不易，都需要亲力亲为。在大家的共同努力下，李阿乐坦嘎日迪的牛舍终于建成。为了庆祝牛舍的建成，李阿乐坦嘎日迪去商店买来了爆竹，喜悦之情溢于言表，仔细算一算，小牛犊出生和耕种的日子也快到了。

为养牛犊种草料

这天，李阿乐坦嘎日迪家的牛终于要生产了，扶贫工作队的白国林、孟格日乐和李阿乐坦嘎日迪一家挤在屋里，观察着牛圈里的情况。孕牛一会儿站立，一会儿躺下，一个半小时过去了，羊水还没有破，牛犊还是没能生下。种种迹象表明，李阿乐坦嘎日迪家孕牛的生产不会很顺利。经过了些波折，又喊来兽医，闷了太久的牛犊才终于出生，李阿乐坦嘎日迪担心它无法自主呼吸，小牛刚落地，他就不停地轻拍小牛，帮助它呼吸，直到小牛犊叫出第一声，李阿乐坦嘎日迪才让母牛靠近小牛。牛犊一落地，对于李阿乐坦嘎日迪家来说就是保底 5000 元钱，此时李阿乐坦嘎日迪像生了孩子一样激动，有了钱他就能给女儿治病了。

要入夜了，小牛犊身上的胎液还没有被牛妈妈舔干，李阿乐坦嘎日迪担心它会被冻坏，就把小牛犊抬进了屋子里，用吹风机吹干它身上的胎液。这头 80 斤的小牛，要让李阿乐坦嘎日迪忙活整

图 5-6
《嘎查纪事》摄制组见证了李阿乐坦嘎日迪家的第一头小牛犊落地

晚了。几天后，兽医站工作人员上门，来给李阿乐坦嘎日迪家的牛做产后辅导。为了保证牛群健康发展，此行他们还有一个重要的任务，那就是给牛做布鲁氏杆菌采样。这种病菌不仅会导致动物患病，也会致人感染，给母畜接产就是主要传播给人的途径之一。如果牲畜患病，就会导致引产流产，不易受孕，产奶量下降。人如果传染上这种病菌，则会导致自身免疫力下降，严重的会丧失劳动能力。因此这个防疫检测措施十分重要。

兽医这次上门，难得没有提出什么意见。李阿乐坦嘎日迪养牛的配套设施已经齐备，再有几个月，他就有一个属于自己的牛群了。家中小鸡的成长速度也肉眼可见，它们已经长出新的羽毛，而此时李阿乐坦嘎日迪家的果树也已经长绿，后院尽扫之前的萧瑟，一派生机勃勃的样子，一切似乎都已经步入正轨，但他却并不是很高兴。

50 棵果树，死了 4 棵，其实已经是不错的成活率了，但这对于李阿乐坦嘎日迪来说，却是难以接受的损失。本来今年后院已经没有了收入，浇水还搭进去一部分费用，结果刚开始损失就近一成，这让他担心以后树会越死越多。得知李阿乐坦嘎日迪的忧虑，白国林找来林业站的工作人员，给他进行产业辅导，教他料理果树。经过探查，如果浇水得当，那剩下的 46 棵果树没有成活问题。现在，李阿乐坦嘎日迪首先要学会的就是拉枝技术。这能让果树在改善光照、提高果实品质方面起到关键作用。

周日虽然是法定休息日，但对于白国林来说，周日加班已经成为习惯。不过，由于给儿子买房的事实在不能再拖了，他今天特意请了一天假，去通辽市给儿子看房子。尽管生活在同一个城市，但因为工作原因，父子俩并不常见面，二人单独在一起时都不知道说什么。

听完售楼中心销售人员的介绍，白国林发现现房的房价和自己的心理预期有些差距，儿子便和他商量买明年交房的期房，位置也选得远一点，房价就会便宜一些。这让他的心里挺不是滋味。扶贫工作是个持久战，白国林从事这份工作以来便很少回家，对儿子的关心和照顾也不够，中学时候，孩子就已经开始寄宿生活，二人的交流也越来越少。

这边，李阿乐坦嘎日迪又遇到了新的困难，两个多月的时间，他家的草料已经见底。草料告急，李阿乐坦嘎日迪现在最重要的任务就是赶紧趁着农时把青贮玉米种下去。但哪怕是这样，他也需要筹措三个多月的草料，因为青贮玉米的成长也是需要时间的。

一场雨过后，李阿乐坦嘎日迪开始耕种自家的田地。但是，他并没有按照白国林的建议在地里种上青贮玉米，而是要将 25 亩地全部种上玉米。用大型机械，25 亩地的耕种花不了一天时间就

图 5-7
李阿乐坦嘎日迪
将自家的耕地全
部种上了玉米

可以完成。李阿乐坦嘎日迪很为难，他的确想种青贮，但欠银行的贷款要赶紧还，本着能多赚点就多赚点的想法还是种了玉米。

　　李阿乐坦嘎日迪自作主张种玉米的时候，白国林正在和村干部做测量规划工作。扎布萨日嘎查准备修一个便民广场，镇里一直在催施工草案。等他知道这个消息的时候，地里已经都种上了玉米。木已成舟，即使白国林再无奈、生气也只能想别的办法。牛绝对不能没有饲料，白国林和村干部开会讨论后，从村里外出打工人员那里帮李阿乐坦嘎日迪承包到了闲置的土地。青贮玉米必须马上要种下去，今天他放下手头其他事，和李阿乐坦嘎日迪去集上买种子。第二天一大早，李阿乐坦嘎日迪就来到承包的土地准备种青贮玉米。9 亩地的青贮玉米加上 20 多亩地的秸秆，李阿乐坦嘎日迪家一年的饲草料就有了着落。

　　这天，宝龙山镇召开精准扶贫会，辖区所属每一户贫困户家中的情况，这里都会了解清楚。会上也谈到了李阿乐坦嘎日迪，虽然目前一切顺利，但是他的外债依旧是不小的压力。还债的钱从哪里出还没有着落，这有可能成为他新的困境，镇上决定为他争取一个护林员的公益岗位。然而，护林员名额早已经分发下去，这个提议被林业站否决了。李阿乐坦嘎日迪的生活刚见起色，外债将有可能成为他脱贫路上的重大危机。

养牛培训解困惑

李阿乐坦嘎日迪是新识别的建档立卡户，镇上分配护林员指标时没赶上，旗里的指标也分发完了。为了帮助李阿乐坦嘎日迪获得这份护林员的工作，白国林特意去林草局协调，林草局表示，护林员考核就要开始了，如果有护林员没通过这次考核，李阿乐坦嘎日迪将有可能通过替补的方式拿到这份工作。

这些日子，扎布萨日嘎查的文体广场已经到了收尾工作，李阿乐坦嘎日迪只要忙完手头的活，就会来这里帮忙。不久前，李阿乐坦嘎日迪家又产下一头小牛犊。惊喜之后，摆在眼前的饲料草问题依旧棘手。白国林只要逮着机会就和他唠叨几句，希望他能够真正重视这件事儿。李阿乐坦嘎日迪家的饲料问题一直没有得到很好的解决，小牛犊出生后，动物防疫站的工作人员在探访时指出了问题的严峻性。李阿乐坦嘎日迪第一次养牛，没有经验。加之母牛生产后，青草饲料缺乏，一直在喂干草，现在缺乏营养，已经瘦到了皮包骨头。小牛还在吃奶，但牛妈妈的奶头已经很难喂出奶水了。

清晨 4 点天就亮了，李阿乐坦嘎日迪已经在地头干了不少活，兽医的一番话让他从母牛接连生产的喜悦转到担心起来。已经种下去的青贮饲料 9 月下旬才能成熟，村里的老乡也都在养牛，现在也没有多余的青贮饲料卖给他。白国林建议他这段时间边割草喂牛，边寻找青贮饲料的卖家。如果牛的膘情在这两个月依旧不能见长，秋冬季来临就会有很大的麻烦，现在还有时间让牛恢复起来，他比以往更加勤奋了。

像李阿乐坦嘎日迪这样的贫困户养牛经验不足的事情，在整个镇上并不是个例，为了让贫困户们能够掌握更科学的养殖方法，宝龙山镇针对全镇贫困户展开了一次产业培训。早上 6 点，大家从周边 51 个嘎查村集结而来，李阿乐坦嘎日迪很期待从这次培训中学到养牛的经验。在培训会上，李阿乐坦嘎日迪被带着参观了养牛大户于成林家的牛。于成林是宝龙山镇远近闻名的养牛大户，因为养牛，他发家致富过上了好日子，用他的实际成果做培训，是最有说服力的。李阿乐坦嘎日迪看到人家养的牛膘情特别好，羡慕又疑惑，于成林说到了牛饲料的问题时，李阿乐坦嘎日迪更是打起了十二分精神。为了更加了解最终将作为饲料的这种农作物，他们来到了养牛大户家的青贮饲料地。看到于成林家的青贮饲料地，李阿乐坦嘎日迪感触很多，他的积极性和斗志又燃了起来。

扎布萨日嘎查的文体广场修好了，李阿乐坦嘎日迪也不用再去帮忙，对于生活在这里的村民来说，扎布萨日嘎查的文体广场的建成是一件大事。村民们自发跳起了广场舞，领队则开始了手机直播。而从培训会回来后，李阿乐坦嘎日迪有了新的事情，他开始修建自己的牛槽。他的计划是，牛槽这一头喂小牛犊，那一头喂大牛，这两个牛槽加起来能养三五十头牛，足以看出来培训会后李阿乐坦嘎日迪的野心和想法。李阿乐坦嘎日迪沉浸在新牛槽带给他的欢乐中，却忘了另一件重要的事——给自己的玉米地浇水。

天旱了，李阿乐坦嘎日迪占了浇地用的井，却因为忙于修牛槽，没有按计划完成浇地工作。在这个地方，水井大家一起用，所以如果自己没按计划完成浇地的工作，就会耽误别人的农活。而帮忙修建牛槽的老乡明天就要用井，让他尽快把地浇完。为了不拖别人的进度，他今天只能通宵浇水。玉米的耕种和收割能用现代化机械完成，但浇水只能依靠人力。他首先要用水泵把地下 16 米的水打上来，再用柴油机带动。出水后往地里铺上水管，人不能离开，这才正式开始了浇地工作。李阿乐坦嘎日迪这样辛苦劳作，也只能在玉米地里挣得一年一万多元的纯收入，如果没有其他产业的支撑，这就是他一家四口所有的收入。单从地里扒来的这笔钱只相当于这两个月产下的两头小牛所带来的效益。看水灌满一垄后，李阿乐坦嘎日迪立刻再换下一垄，25 亩地有上百垄，一个晚上的时间，他要把剩下的地全部浇完。终于，天亮了，李阿乐坦嘎日迪的活快干完了。浇完地后，玉米吸收了充足的水分，枝叶上凝结出了露珠。这年通辽大旱，如果一直没有雨水，他一周后还得继续浇地。

图 5–8
扎布萨日嘎查文
体广场建成

过了段时间，林业局对于护林员的考核结束了。因为有护林员外出打工的情况，所以空出来几个名额，李阿乐坦嘎日迪顺利拿到这份工作，很快就到镇上签署了合同，护林员的工作需要他在分派的林子里做好看护，而这份工作将给他带来一年一万元钱的收入。

旱情加重惹人急

今年通辽大旱，李阿乐坦嘎日迪整日在自家的 25 亩玉米地里浇水，哪怕是这样，玉米今年也将面临减产的危险。青贮饲料的情况更为糟糕，坨子地里的井已经不出水了，这致使今年有绝收的可能。辛辛苦苦种下去的青贮饲料，眼看就结出果实，李阿乐坦嘎日迪实在不忍心放弃。这两天只要有时间，他就来地里看看。二十多天以来，一滴雨也没下，附近村一大片井全用来浇水，所以现在井水的地下水位也下降了。李阿乐坦嘎日迪现如今只能保住这块玉米地，青贮地那边只有一个四寸的小井，现在水位一下降，水量就不够了，想浇都浇不了。

正因如此，旱情不仅影响到了农作物的成长，也影响到了养殖业。8 月本应该是水草丰茂的时段，但现在草枯了，这让李阿乐坦嘎日迪割草养牛的计划落空，一个月过去，牛的膘情依旧没有长起来。到了立秋时节，天气慢慢转凉，种在坨子地里青贮饲料没有雨水，现在已经无法带来收成。牛的膘情必须要尽快长起来，否则养殖也将出现问题。动防站的工作人员建议他割掉已经失去生长价值的青贮饲料，用来喂牛，保住牛群健康发展。

同样在关注旱情的还有气象部门，旗气象局在这段时间实行24 小时值班，时刻关注云层情况，根据云图显示，8 月 8—9 日有降水云层过境，他们希望能够抓住这次时机进行人工增雨作业。然而，8 月 8 日、8 月 9 日过去了，还是没有足够的降水云层过境，不能满足人工增雨的气象条件，雨还是没能增下来，于是李阿乐坦嘎日迪在这几天开始割掉青贮饲料。尽管很可惜，但只能忍痛割爱，丢车保帅，先把牛保住。

李阿乐坦嘎日迪干完活，陪女儿玩了一会儿球。对于李阿乐

图 5-9
被李阿乐坦嘎日
迪割掉的一部分
青贮饲料

坦嘎日迪来说，比养牛更重要的事情，就是照顾女儿。李阿乐坦嘎日迪的独生女快六岁了，至今还没有开口说话，也没有一个确切的诊疗结果。他只能用每天干完活的时间多陪陪孩子，女儿能够健康起来，是他最大的心愿，也是李阿乐坦嘎日迪不断努力的动力。

这天，电影放映队到了扎布萨日嘎查，大家正在忙活着放映前的准备工作。这是开展在新修成广场的第一次文化活动，村民们陆续来到广场。李阿乐坦嘎日迪带着妈妈和女儿也来看电影，这是李阿乐坦嘎日迪的女儿第一次看电影，对于小姑娘来说是一次难得的经历。

最近，李阿乐坦嘎日迪的女儿总是哭闹，他也不知道原因是什么。由于爱人智力缺陷，他只好和孩子的姑姑带着女儿来到医院。孩子无法和别人沟通，情绪也不稳定，仅凭李阿乐坦嘎日迪的口述，很难知道孩子是什么问题。可当医生准备上检查仪器时，却发现她根本不懂得配合。当地的医疗水平十分有限，医生建议李阿乐坦嘎日迪带女儿去北京、上海一类的大城市做检查治疗。但李阿乐坦嘎日迪从没去过那么大的城市，他去过最远的地方就是通辽，再者，到大城市之后，找医生、挂号，甚至生活都是问题。尽管李阿乐坦嘎日迪也希望给女儿一个系统的检查和治疗，却心有余而力不足。

关于孩子看病的事如何解决，宝龙山镇党委书记付哲群给白国林支招，可以去找旗里对口帮扶的北京挂职干部。通辽市是北京市对口帮扶地区，吴清绪是北京市顺义区派到科尔沁左翼中旗的挂职干部。付哲群和白国林把希望寄托在他身上，希望能够得到吴清绪的帮助。吴清绪得知消息后，开始联系顺义区寻求帮助，但这件事没有想象的那么简单，通辽这边和北京的医院接触依然十分困难。

当下的旱情致使李阿乐坦嘎日迪的 25 亩地北头浇完南头旱，南头浇完北头旱。去北京看病的事还在继续协调，这段时间，他在连轴转给玉米地浇水。在旱了一个月后，老天终于下雨了，李阿乐坦嘎日迪也终于能从繁重的体力劳动中解脱出来了。而和雨水一起到来的还有一个好消息，北京的医院终于联系下来。刚下过一场透雨，近期也不用再浇水，李阿乐坦嘎日迪可以带着女儿去北京看

图 5-10
北京挂职干部吴清绪正在帮助李阿乐坦嘎日迪协调就诊事宜

病。李阿乐坦嘎日迪没有出过远门，家人抱有希望的同时也难免担心，一场艰难的离别过后，他去集上理了发，准备开始一段崭新的旅程。

带女上京看病忙

李阿乐坦嘎日迪上次坐火车还是 20 年前，从扎布萨日嘎查到北京，对李阿乐坦嘎日迪来说意义非凡，他带着给女儿治病的希望和对家里的牲畜、家人的担忧上路了。扶贫工作队考虑到李阿乐坦嘎日迪在北京行动不便，就让白国林和他们一起出发，好有个照应。

宝龙山镇没有直达北京的火车，他们一行人首先要到通辽，再从通辽转车前往北京。距离发车还有一个多小时，白国林担心误车，早早地就和李阿乐坦嘎日迪一家待在候车室等待检票。白国林也不常出远门，险些上错车厢，后来这一行人终于摸到了自己的位置。凌晨 1 点，折腾了一天的大人和小孩儿终于能休息了。孩子出

图 5-11
白国林陪李阿乐坦嘎日迪进京给女儿看病

发前一天并没有睡好，难得的是并没有哭闹。到北京还有 6 个小时的车程，李阿乐坦嘎日迪准备哄着孩子再睡一会儿，他紧绷的神经慢慢放松下来，也进入了梦乡。

一路奔波，李阿乐坦嘎日迪一行人终于到了北京。此时他们已经很疲乏，好在北京站的工作人员得知了他们的情况，已经在车厢处接站。帮助李阿乐坦嘎日迪联系就诊医院的北京挂职干部吴清绪，恰好和同事在北京做消费扶贫对接工作，他也赶了过来。因为时间问题，他们并没有挂上儿童医院当天下午的号，只能第二天上午再带着孩子去医院看病。吴清绪安顿好他们一行人，害怕第二天就医出现问题，他决定和李阿乐坦嘎日迪一起去医院。

儿童医院内，李阿乐坦嘎日迪首先在医院的公众号上注册了相关信息，如今的电子化管理让他有些不知所措，好在身边一直有人仔细教他每一步应该如何完成。询问完病史后，医生做出初步判断，李阿乐坦嘎日迪的孩子除了涉及耳鼻喉方面的问题，可能还存在智力问题，为了搞清楚症结所在，根据惯例，负责科室组织了一次多学科会诊。

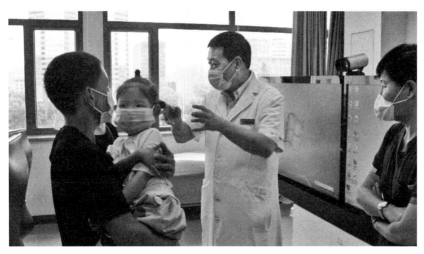

图 5-12
给李阿乐坦嘎日迪的女儿进行会诊

考虑到孩子的母亲有智力障碍，多学科会诊后，医生们推断孩子的问题应该不是李阿乐坦嘎日迪口述的先天聋哑那么简单，但致病原因究竟是什么，还需要孩子住院做进一步的详细检查和观察，比如核磁共振、智力测试、发育评估等才能做出判断。

因为疫情防控需要，孩子在入院前，需要提前做好 CT 和核酸检测，陪同家长也需要做好核酸检测。就诊患儿很多，陪同李阿乐坦嘎日迪来做检查的吴清绪也在这里迷了路，他找到医院的工作人员寻求帮助，一番折腾后，一行人总算完成了所需检查。这次帮李阿乐坦嘎日迪跑完入院检查的事，吴清绪就要赶回通辽了，检测报告第二天就能出来，如果一切指标正常，孩子就能够住院。

好在入院前的检查指标正常，办理入院手续一切顺利。为了这次赴京看病，李阿乐坦嘎日迪找孩子的姑姑借了一万元钱，根据通辽当地的医保政策，李阿乐坦嘎日迪孩子的医疗费能报销 80%以上，等回家后，这笔钱就可以还上了。由于住院期间不能让白国林陪同，李阿乐坦嘎日迪和孩子的姑姑在医院不能自如行动，带着孩子做检查的工作只能交给负责大夫。

从口腔诊断和听力检查的结果来看，李阿乐坦嘎日迪女儿的听力和发音都没问题，孩子的病大概率是由智力问题造成的，得知这个消息，李阿乐坦嘎日迪明显有些沮丧。孩子要回病房了，病房不允许随意进出，会增加交叉感染的风险，只能让姑姑陪床。女儿从来没有离开过家人，李阿乐坦嘎日迪担心孩子在夜里哭闹哭坏身体，就提出要在病房外的椅子上过夜，以保证遇到问题时随叫随到。

根据这几天的检查结果，最后康复、遗传中心、五官科，还有眼科、口腔科、心理科医生做了全面会诊，认为李阿乐坦嘎日迪女儿的主要病因应该是遗传性的智力发育问题，脑发育的最黄金时代是一岁、三岁，现在孩子已经五岁多，错过了治疗的黄金期，只能通过家庭关爱和康复训练缓慢提高智力水平。

在北京的最后两天，李阿乐坦嘎日迪认真在医院学习康复训练的技巧，准备回到家后坚持给女儿做复健，锻炼孩子的步行能力、平衡能力等。了解完孩子的身体机能后，医生给李阿乐坦嘎日迪的女儿制订了未来一年的训练计划，北京儿童健康基金会考虑到李阿乐坦嘎日迪的情况，还对他的女儿进行了资助。尽管女儿的病情并不乐观，但这次北京之行也让他心里对女儿的具体情况有了底，无论结果好坏，李阿乐坦嘎日迪都选择坦然接受。

照看孕牛凑草料

从北京回来后，李阿乐坦嘎日迪的生活恢复了平静。这段时间雨水不错，因为旱情而枯黄的草又绿了起来，他可以割草喂牛了。之前辛苦浇水长出的玉米还不错，比李阿乐坦嘎日迪预计的要好很多，再有 20 多天，这片地就能收割了。带女儿看病回来后，

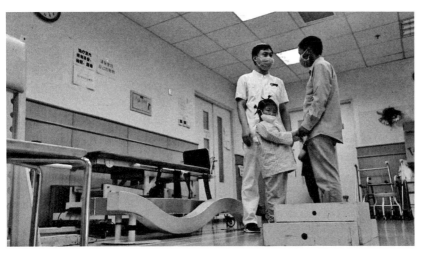

图 5–13
李阿乐坦嘎日迪的女儿正在进行康复训练

李阿乐坦嘎日迪的大姨给他送来一头小猪，现在已经 30 斤了，再养几个月能长到 120 斤左右，一家人过年的肉就有了着落。

入秋后，扎布萨日嘎查的雨水明显增多，玉米地不用再浇水，这让李阿乐坦嘎日迪从沉重的体力劳动中解脱出来。每天割草喂完牛后，他有更多的时间陪女儿。这天又下雨了，这给孩子做康复训练造成了麻烦。李阿乐坦嘎日迪希望让女儿持续锻炼，但家里的条件有限，像这样的天气，孩子就不能外出上下台阶，等到了冬天，在院子里做康复更加不便。从北京回来后，由于孩子的情况不太乐观，扶贫工作队都很担心李阿乐坦嘎日迪的精神状态，于是，为了帮助孩子复健，白国林和孟格日乐给孩子做了一个康复台阶的教具，让她锻炼肌肉的协调性，也解决了孩子在天气不好时不能做复健运动的问题。

村里的幼儿园开学了，只要是天气不错，李阿乐坦嘎日迪就会带着女儿去转转。孩子现在的状况不能满足上学的条件，其他小朋友面对这样一个特殊来客，也显得手足无措，不愿意和她一起玩。孩子的世界更加纯粹，李阿乐坦嘎日迪想让女儿融入集体的计划，变得很难实现。但李阿乐坦嘎日迪并没有气馁，他相信女儿的情况一定会越来越好。

4 月的时候，白国林给李阿乐坦嘎日迪送了 39 只小鸡，等过年了或吃或卖，贴补家用。饲养的这几个月中死了一些，剩下的已经长大了。但几天前的夜里，有一条狗窜进院子，这些几乎已经可以卖钱的鸡被咬死不少，狗的主人也不愿承认，李阿乐坦嘎日迪的损失无人赔偿。

牛吃饱就会躺下养膘，最近它们的伙食不错，瘦下去的牛圆润了起来。动物防疫站的工作人员今天上门做回访，发现一个更大的喜讯。原来，第一头产犊的母牛开始发情，可以进行配种

图 5-14
李阿乐坦嘎日迪
和女儿在村里的
幼儿园

了。李阿乐坦嘎日迪第一次养牛，这头牛产后护理做得不好，又加之天气干旱，没有青草饲养，因为缺乏营养一度瘦到皮包骨头。三个月来，大家都在担心它会在冬天来临时出现问题。然而，母牛发情意味着膘情在逐渐恢复，配种后牛的膘情将进入一个快速的增长期，现在大家悬着的一颗心终于放下了。这边饲养的每一头牛都有自己的身份信息，为了保证种群的健康发展，给它们配种的精液也是经过严格的筛选，李阿乐坦嘎日迪家的牛又顺利怀孕了。

　　母牛再次怀孕给李阿乐坦嘎日迪一家带来了很大的鼓励，不过母牛的膘情才刚长上来，现在必须要给它加强营养，否则就会发育不好，严重时还会致使母牛流产，以后怀胎的几率就会大大降低，而且还会再次掉膘，将来很难再长回来。这让李阿乐坦嘎日迪在饲养方面更加上心了。早晚两次割草喂牛，成为他每天的主要工作。牛越来越多，这样发展下去，一两年的时间就能有 20 多头牛，市场价格不变的话，就有 30 多万元，这是以前的李阿乐坦嘎日迪想都不敢想的。

　　这头怀孕的牛也让白国林更加操心。这段时间来，李阿乐坦嘎日迪护林员的工资发了一部分，家中四口人的低保也有进账，手头逐渐不那么紧张了，白国林就建议李阿乐坦嘎日迪可以适当买点精饲料，和青草掺着一块儿喂牛，这样对于刚怀孕的母牛大有好处。现在，只要是对于养牛有好处的事情，李阿乐坦嘎日迪就很积极，今天就让白国林带着他去集上买精饲料。

图 5-15
恢复膘情的母牛
再次配种

　　李阿乐坦嘎日迪的青贮饲料地还剩下一半，趁着最近的雨水，也有了点收成，这将成为牛群过冬最重要的口粮。白国林提醒他把储存青贮饲料用的塑料布也一并买回家。

　　李阿乐坦嘎日迪种的青贮饲料已经成熟，必须要尽快收割，否则再过晒几天就变干了，那些农作物就会失去一大半营养成分，变得和秸秆无异。近期大家都在抢收，但收割的农机却只有一台，白国林这两天一直在协调，终于争取到了半天时间。李阿乐坦嘎日迪却没有做好清理青贮窖池的工作，拉青贮饲料的拖拉机也还没有着落，白国林让他去亲戚家借，自己和孟格日乐将青贮窖收拾出来。按照白国林本来的打算，此时应该已经在青贮饲料地里收割了，但现在大家连家门儿都还没出去。收青贮饲料的农机到点就要走，他有些着急。终于可以开工了，李阿乐坦嘎日迪的青贮饲料地只剩下不到五亩。辛苦半年得到的青贮饲料，在旱情影响下长势也不是很好，只能够满足家里牛群小半年的口粮。

四个月来，李阿乐坦嘎日迪饱尝瘦牛风波之苦，这个教训让他知道了兵马未动粮草先行的道理。青贮饲料储好了，白国林今天的工作还没有结束。他要带着李阿乐坦嘎日迪去解决牛群饲料不足的问题。

扎布萨日嘎查有一些农作物在遭受旱情后，收割的意义已经不大了。白国林希望能给李阿乐坦嘎日迪买几亩这样的农作物，将这些地里的玉米收回家，用来补足牛群缺少的饲料。经过一番磋商，李阿乐坦嘎日迪来年的草料终于储备齐了。随着养殖规模的不断增大，他的牛将会越来越多。这次的经历，让李阿乐坦嘎日迪明白了养牛不是一件简单的事情，里面有许多他要慢慢掌握的门道。

秋收脱贫地里忙

料理完牛的口粮，李阿乐坦嘎日迪就要为秋收开始忙活了，几个月来的辛苦劳作，终于等来了收获。扎布萨日嘎查整体进入收获的季节，共有农田 8000 亩，而收割机只有两台，这些玉米地除了极少一部分需要人工收割之外，绝大多数都要用到机械。老乡们最近都在抢收割机收玉米，李阿乐坦嘎日迪的玉米地却迟迟还没有开始收割。这让白国林很着急，已经到了深秋，风一天大过一天，一旦已经成熟的玉米被风吹落，用机械收割时就会造成损失。

为了有效控制家畜家禽疫病的发生和传播，每年春秋两季通

图 5-16
玉米成熟了

辽市都会进行常规免疫和强制免疫的工作。今天，动物防疫站的工作人员上门给李阿乐坦嘎日迪家的牛做防疫工作，主要为了控制口蹄疫和布氏杆菌病的传播，这两种疾病是畜牧产业发展的主要危害，而且还会传染给人。对于畜牧产业的健康发展和保护饲养者来说，这项防疫工作十分重要。

不久前，李阿乐坦嘎日迪家的第三头牛犊顺利出生。现在他已经有了 8 头牛，包括 5 头大牛、3 头小牛。更加可喜的是，这 8 头牛都是母牛。当地流行一句俗语："母牛生母牛，三年五个头。"意思是三年的时间里大牛会生产三头牛，其中第一头生产的小牛是母牛的情况下，这头小母牛也将会在第三年产犊。因此，一头母牛在三年之中就会繁殖成五头牛，主要指母牛的繁殖力很强。李阿乐坦嘎日迪的运气明显不错，如果饲养得当，这句俗语将会变为现实。

这天，村民家的小黑狗生病了，李阿乐坦嘎日迪曾经学过两年兽医，这段时间他捡起了以前的手艺。也许是长时间不动手，李阿乐坦嘎日迪的技术有点生疏，已经扎了狗的三条腿，最终都滚针了，吊瓶还没打上，如果在狗的最后一条腿上扎针失败，那当天就不能再给狗打吊瓶了。这次行医，虽然不太顺利，但最后总算是成功把吊针扎上了。

得知收割机正在村里整修，李阿乐坦嘎日迪马上跑去联系收割玉米的事。收玉米的老乡实在太多了，这段时间收割机的主人忙得连轴转。李阿乐坦嘎日迪希望车主收到他家地块附近的时候，捎带着把他家的玉米也收了，这样车主省去了路上来回的时间，李阿乐坦嘎日迪也可以尽快收到玉米。

约好了收割机，李阿乐坦嘎日迪就一直在做收玉米的准备。这一天白国林也到了他的玉米地，俩人商量着秋收的事情。在地头他们遇到了前几天病狗的主人，聊起了狗的情况。那天李阿乐坦嘎日迪把狗子的四条腿扎得有些狠了，他这时才有些不好意思地表示，还有另一种治病的办法是往狗的嘴里灌药，只是当时想先挂吊瓶试试。虽然这天的偶遇让李阿乐坦嘎日迪颇为尴尬，但白国林对此却有不同的看法，他认为这是一个好的现象，可以加强李阿乐坦嘎日迪和村里人的感情，也会提高村里人对他的信任。

晚上，白国林拖着疲惫的身躯回到家。这段时间，白国林的腰伤复发了。儿子白那日苏是一位康复治疗师，今天趁着周末赶回了家，本来想一起吃饭，再给父亲做一下按摩。但白国林进家门已经快十点了，白那日苏对父亲的晚归很是不满。扶贫工作既劳累挣钱又少，白国林为此付出了太多，白那日苏想让父亲更轻松一些，白国林却不以为然，国家就是需要有他们这辈人不断付出才能有发展，作为扶贫工作队的一员，白国林相信自己是在做一加一等于三的工作，是极其有意义的事业。尽管和父亲的观念不同，但白那日苏没有和白国林再争论下去，看着时间已经不早了，他为父亲做起了按摩，好让白国林尽早休息。

这天，到了李阿乐坦嘎日迪收玉米的日子，他格外高兴，清晨起床就开始做收割前的准备工作，这一次一点也没有让白国林操心。经过春天的播种、夏季的浇灌，他终于等到了秋天收获的时刻。

对于从事农业生产的人来说，总是免不了看天吃饭。今年的旱情或多或少影响到他的收获，地里长出来的玉米是李阿乐坦嘎日迪辛劳两个季度的成果，最终，经过核算，李阿乐坦嘎日迪的玉米收获比去年少了一车，约 2500 斤，减产了 5%。但可喜的是，今年玉米的价格比去年好，卖粮食的总收入反而要高于去年。农作物的价格和收成变化影响因素很多，在上秤之前，谁都不知道这收获是喜是忧。

这天，扶贫工作队到李阿乐坦嘎日迪家算今年的收入账，了解他今年的收入构成情况。每年的 10 月 1 日到第二年的 9 月 30 日，被称为一个扶贫年度。此时他们正在计算的就是建档立卡户在这一年中的收入和支出情况，刚收获的玉米不在此次计算内。经过核算，李阿乐坦嘎日迪家在这一年度的玉米收入、护林员收入、低保金、养老金、残疾补贴、耕地地力保护补贴、计划生育补贴加到一起总收入为 44980.72 元，这一年的支出是 8820 元，家庭纯收入 35960.72 元，人均纯收入 8990.18 元。高出 4000 元的贫困标准线两倍多。

扎布萨日嘎查仅剩下两户未脱贫的建档立卡户，在核算清楚收入后，还需要召开村民代表大会进行评议。会议通过后对符合脱贫标准的建档立卡户进行公示，再由旗县扶贫部门进行公告，最后会在全国扶贫开发信息系统中对脱贫户进行标注。终于，2020 年 10 月，扎布萨日嘎查全员脱贫。内蒙古自治区全区未脱贫人口已经达到了脱贫条件。10 月 17 日国家扶贫日当天，宝龙山镇在扎布

图 5–17
李阿乐坦嘎日迪
家退出建档立卡
贫困户序列

萨日嘎查新修的文体广场上开展了庆祝活动。平时，乡亲们都在忙于自己的生计，种地、喂牛；这天，大家聚在一起载歌载舞，迎接这来之不易的生活。李阿乐坦嘎日迪和扶贫工作队的白国林、孟格日乐在这次活动中受到了表彰，拿到这张奖状，李阿乐坦嘎日迪心情激动万分，这是政府给予他辛勤努力的肯定。

在李阿乐坦嘎日迪领奖的时候，他的母亲正在家里做饭。吃完饭后，全家人围在一起，看了李阿乐坦嘎日迪到北京参加录制的电视节目，他不禁给家人做起了解说员，讲述录制节目时的情景，一家人其乐融融。

节水灌溉新希望

扎布萨日嘎查的冬天，气温下降得很快，昼夜温差变大。这两天白天的最高温度有十度左右，白国林本想趁着暖和，抓紧把扎布萨日嘎查改善人居环境的树苗种下去。没想到树苗运来的当天下雪了。突如其来的降雪打乱了白国林的计划。眼看天就黑了，雪不但没有要减小的趋势，反而越来越大。得尽快卸车，不然大车司机就走不了了，护林员李阿乐坦嘎日迪也闻讯而来，帮忙卸车。运来到的树苗一共有113棵，卸车本来不是一件难事，但在风雪中，大家的行动变得迟缓起来。

卸完车，会计清点了树苗的数目，下午3点50分，天就已经暗了下来。气象局随即发布了暴雪红色预警。2020年第一场雪来得太快了，短短一天时间里，气象局连发大风、道路结冰、寒潮、暴雪各级预警七次。根据天气预报，明后两天气温将骤降至零下十六摄氏度。这种情况下，土地很快会封冻，白国林必须连夜组织人手，把树坑全部挖好。如果拖到明天，挖坑会成为一个艰难的工程。

雪下了一夜，到现在还没有停下来的意思。部分地域的积雪已达一米，公路已经封闭，白国林和孟格日乐今天去不了村里了。去不了村里，白国林和孟格日乐就来镇政府乡村振兴办公室找项

图 5-18
暴雪夜里抢种
树苗

目，2020 年的大旱给白国林留下了深刻印象，他最想做的就是给村里争取到农田基础设施建设的项目，发展节水灌溉，提高当地耕地产量，从而提高老百姓的生活水平。

两天后，公路上勉强能够行车，此时孟格日乐恰好去通辽市看孩子被困住回不来了，但种树的事情不能再拖，否则树苗的成活率将成问题，白国林只能一个人去做这件事了。一个风雪交加的夜晚，李阿乐坦嘎日迪的第四头小牛顺利出生，白国林组织人员种完树后，就急匆匆地去李阿乐坦嘎日迪家里查看。这场暴雪对养殖业造成了不利的影响，好在李阿乐坦嘎日迪的草料储备很充足，为了让牛圈更加暖和，昨天他已经给牛圈铺上了透明瓦。

这天，村民代表大会召开，开这次会议最主要的目的，就是对白国林找到的节水灌溉项目进行评议，包村多年来，这件事一直挂记在他的心头。很多村民都不明白节水灌溉的好处，但在白国林的劝说和讲解下，村民代表大会最终全员通过了白国林的提议，不过这也暴露出一个问题，那就是项目的建设可能会占用一些老乡的耕地，因此必须要进行前期民意调查，村干部们需要入户家访，征求每一户的意见。

为了尽快落实项目，村干部们随即开始挨家入户地访问，充分发挥公决的民主性，向村民们解释项目需要占用哪些资源，有怎样的优缺点。公决的情况要比白国林预计得好很多，四个走访小组同时开工，不到半天时间，这项工作就快完成了。

脱贫后，宝龙山镇的工作重点转移到了巩固脱贫攻坚成果和乡村振兴的有效衔接上。全镇 48 个嘎查村、2 个水库、1 个林场的发展方向，都将在后续召开的工作会议中进行讨论。扎布萨日嘎查全员已经通过了节水管灌项目的公决，但这个村子的基础相对薄弱，未来它如何发展，也是一个需要深入探讨的问题。当地人称扎布萨日嘎查为北扎布斯，包前德门是负责扎布萨日嘎查的包片领导，他提出不仅要在扎布萨日嘎查落地节水管灌项目，还要把村里失去耕种价值的三千多亩基本农田退耕还林，如果能成功，这将给村民带来可观的持续性收益。但想做这件事并不容易，施工的水源、机械、专业技术等都是问题，他们现在能做的只能是尽量向更高一级领导争取机会。

终于，扎布萨日嘎查实现了全员脱贫，李阿乐坦嘎日迪这一年的辛勤努力也取得了大丰收。未来，扎布萨日嘎查将朝着更科学、更富裕的方向发展，但前进的每一步都需要多方的共同协调努力，白国林心心念念的村里的节水灌溉项目最终能否顺利实施也依然是个令人期待的未知数。

（整理人：李晓霞）

（二）使命担当：嘎查的明天更美好

扎布萨日嘎查第一书记白国林手记

2021 年，是我到扎布萨日嘎查的第 12 个年头，今天和我的队员们一起在驻地观看习总书记在脱贫攻坚表彰大会上的讲话，一时间，回忆起扶贫的日子，感慨万千……

2009 年起我作为包村干部在村内挂职，2017 年，我主动申请到村进行全脱产的扶贫工作，12 年间，见证了低矮简陋的村部重建成宽敞温馨的村民之家，见证了从前一下雨就泥泞的土地硬化成了 3000 平方米的文化广场，见证了道路两旁杂乱无章的生活垃圾变成了一棵棵挺拔昂扬的树，见证了老李老杨从靠天吃饭种的几亩地转身成了养牛的致富能手……扎布萨日嘎查，早已成为我的第二个家，同事笑我，每天五天四宿在这里值班，比在家时间还久，我笑笑。

记得刚到村上时，破旧的村部，办公场所外遍地枯草落叶，尘土很厚，全村总共 180 户，有 20 户建档立卡户，几乎全部因病致贫，我作为派驻的第一书记，头疼得很，偏巧我老是记不住报销医药费的流程和比例，结果第一个入户的就是王海青家。海青年龄不大，却是家里唯一的劳动力，患有糖尿病，因怕花医药费，也不治疗，妻子智力残疾，女儿 7 岁了，却一直不会说话，这样的家庭情况让我听了心里不是滋味儿，也让我感受到肩上的责任又重了一分，回到驻地，第一时间找了健康扶贫的政策仔细研读，另一边联系镇上特殊教育学校抓紧让孩子上学，与两委商量着把他纳入建档立卡户，当我们把扶贫牛送到他家时，他激动地拉着我感谢，"我这身子不好，种地浇地实在是干不过来，感谢党的好政策，这牛我一定好好养"，久违的笑容出现在他脸上，他通过自己勤劳的双手和对美好生活的憧憬，走上了脱贫致富的道路，也成为贫困户争相学习的致富榜样。他家距离村部近，每隔几天我就去看看他，半年左右，牛就产生了效益，小牛犊卖了后，他按照我手写版的"健康指南"去看病和报销，今年身体明显变好，牛的数量也从 3 头发展到 6 头，摘了贫困的帽子，日子越过越红火。

比起这些，一个家庭突如其来的变故更让人揪心，村北居住的邰乌日根白尔和妻子外出时不幸遭遇车祸，夫妻俩受伤严重，在家休养一年，没有经济来源，一子一女。女儿读高三，儿子读初中，正是学校教育的关键时期，因为家庭变故，上高三的女儿正考虑辍学。我听说后，连夜走访劝解：再苦不能苦孩子，再穷不能穷教育啊。随后及时联系镇党委政府与学校沟通，免去学生上学的费用，镇党委政府大力支持，及时协调，没有耽误孩子的学业，孩子感激地说，一定好好学习回报社会。功夫不负有心人，大女儿现在是呼伦贝尔学院本科生，享受建档立卡新生补助 4 万元，基本解决了上学费用，每到放假，隔几天来村部帮忙打扫打扫卫生，做些力所能及的事，疫情防控期间，主动申请在疫情防控点值班站岗，为来往村民消毒登记，让爱心无限地传递下去。

眼看着建档立卡贫困户家庭状况逐渐改善，逐步实现稳定脱贫，一个想法在我心头浮现：脱贫是容易，怎么能实现致富呢？没有一个稳定的产业支撑，返贫风险还是较大。

白天在李阿乐坦嘎日迪及附近几家转转，他家的扶贫牛瘦骨嶙峋，别说产牛犊，大牛养不好都很容易生病，原因一方面是饲草料的问题，另一方面就是养殖技术不行，这方面我不擅长，只能求助行家帮忙，于是请来了镇上原农服中心和动物防疫站的技术员和其他村的两个养殖大户。我在微信群上一喊：想要学习养殖技术的咱们可以统一指导，一起交流。一会儿的工夫就来了不少村民，看来大家还是有致富的信心啊，只是缺少专业指导。技术人员和养殖大户从母牛、犊牛的护理、饲草料喂养到动物消杀防疫讲得很仔细，大家收获很大。此后，我一直关注着家家户户的养殖情况，有问题直接联系镇里同志帮忙解决，看着老李瘦得皮包骨的牛逐渐壮硕，我的心才慢慢踏实下来。但老李找到我说："白书记，现在养牛技术没问题了，养一头也是养，能不能在能力范围内，协调点贷款多养两头，我也想尽早实现收益，回报党的好政策呀。"想来这个办法也不错，我跟镇上领导一同前去信用社为 4 户有意向扩大养殖规模的建档立卡户申请了共计 20 万元的养殖扶贫贷款，现在走进李家的院子，当年的 5 头牛全部实现收益，现在已发展成 10 头，个个精壮，地里也全部种上了青贮玉米，实现了为养而种，种养结合的目标。"是党和政府让我重新树立起生活与致富的信心，一步一步敲开了致富之门，走上了致富之路，我要进一步扩大养殖规模，在致富路上走得更远。"李嘎日迪坚定地说。现在谈起生活，他充满信心，斗志昂扬。

最让我牵挂的还是孩子的病情，李家的女儿快 6 岁了，但至今没有开口叫过爸爸妈妈，由于过去家庭困难，也没带孩子去医院好好检查，现在家庭经济逐渐好转，在旗镇领导的协调下，我带着李嘎日迪和孩子踏上了北京的求医之路，经首都医科大学附属北京儿童医院诊断，孩子是重度智力障碍，需持续调养和药物治疗，嘎日迪一直叹气，好在此行花费的 2 万多元全部由该医院的儿童基金会及员工捐款资助，看着李嘎日迪和孩子眼里满是感恩的泪水，我不禁也热泪盈眶。医院的爱心令人动容，国家的扶贫政策也实打实的为贫困人口带来生活的希望，但愿这个孩子能在有爱的社会里早日康复长大。

这几年的扶贫工作，真是眼中越是有疾苦，脚下越是有力量。2017 年识别的康白乙拉一家四口人。康白乙拉患免疫力低下综合征，妻子乳腺癌，两个女儿一个刚毕业未找到工作，另一个正在上高中。父母病重，家庭几乎没有收入来源，女儿考虑到这种情况打算辍学。我去过他家多次，虽然夫妻俩患病，但是家里收拾的干干净净，两个女儿也很有礼貌，村支书说一看就是过日子人家。我与嘎查两委先是帮助孩子解决了上学问题，然后买了扶贫牛，并完善养殖基础设施，建起了牛棚、窖池和干草棚，我与嘎查干部亲手在院内栽植了 5 棵果树，又种了一些小菜，既方便了食物供应，也美化了庭院。2020 年 10 月，他家如期脱贫，同年，老康兄弟去世了……他走得安详，大女儿如今已经在通辽找到工作，时常给家里寄钱寄些日用品，小女儿也考上了大学，享受新生助学补助。经过 2 年的发展，他家的 2 头牛都产生了效益，现在变成了 4 头。妻子的病也在积极地治疗中。

几年来，扎布萨日嘎查村民的生活水平不断提高，党的好政策帮助勤劳朴实的农民走向了致富路，一步步、一天天、一程程，垒土成山，积水为海。这几年，通过产业扶贫带动村民实现稳定收益；通过教育帮扶，帮助学生顺利完成学业，走进大学校园；通过支部共建，班子更加团结，"领头雁"作用发挥更强；通过健康扶贫，让原来看不起病的村民放心治病，免去后顾之忧。

扎布萨日嘎查扶贫工作开展以来，我们始终坚持"智志双扶"，不断激发贫困群众的内生动力，增强他们的集体荣誉感。在扶贫工作中，帮扶与被帮扶之间建立的是一种信任，传递的是党和政府的关爱，嘎查帮扶责任人与贫困户建立了浓浓的"亲情"。他们也同样感党恩、念党情，2020年疫情发生后，村上设置疫情防控检测点，每天由一名村干部和一位村民轮流值守。许多贫困户主动请缨加入疫情防控队伍，纷纷变身志愿者，争当一线急先锋，为打赢疫情阻击战奉献自己的一分力量。"还好有国家的各项优惠政策，姑娘上学不花钱，媳妇儿生病的费用也报销了很多，现在村里正是需要人手的时候，我也要参与疫情防控"，王海青说道。我抬头正巧看到了他因为缺少休息而布满红血丝的双眼，在疫情防控点上，海青已经坚守了3天……他们的正能量为这个寒冷的冬天注入了温暖与感动。

几年来的驻村工作任务艰巨，有烦恼，有无奈，也有快乐，我一个人的力量很渺小，我的故事只是扶贫路上无数驻村干部们的缩影。在这场硬仗中，我以前许多想法和观念也在相互碰撞，投身脱贫攻坚，既以自己的微薄力量来改变群众，同时也改变了我自己。我虽然不能保证每一户贫困户都能对我们的工作百分之百满意，但我坚信，作为一名驻村第一书记，我一定会带着我的工作团队，和嘎查两委紧密配合，扛着肩上的责任，带着群众的信任，在乡村振兴路上携手前进。我相信，我们的明天会越来越美好。

（三）记录者说：脱贫路上的见证

| 《嘎查纪事》编导曹志鹏手记

目前，我国大部分贫困地区的贫困人口集中分布在农村和少数民族聚居地区，这些地方生产生活条件比较差、自然灾害多、基础设施落后、难以留住人才，是扶贫工作中难啃的硬骨头，是到2020年全面建成小康社会的一个短板。

在接到《攻坚日记》的拍摄任务后，我来到内蒙古自治区科

图 5-19
《嘎查纪事》摄制组在李阿乐坦嘎日迪家的耕地里做采访

尔沁左翼中旗扎布萨日嘎查持续拍摄记录一年的时间，这里就是一个典型的少数民族聚居地区，村民全部由蒙古族同胞组成，位置处于三省交界之地。我想，或许就是地域偏远，信息不灵是这里贫困的主要原因。

虽然贫穷，但是这里的老乡淳朴憨厚，富有革命乐观主义精神。在他们的身上我学到了很多东西，他们面对生活乐观的态度也极大地鼓舞了我。让我没想到的是，这样的一个小村落竟然会有跳广场舞的艺术团，虽然我刚去的时候，村上连一个广场都没有。

我所拍摄的主人公叫李阿乐坦嘎日迪，这位年近四十岁的蒙古族大哥初见我时甚至有点害羞——眼神闪躲，战战兢兢，和一只受惊的小鸟一般。他的家庭在 2019 年遭逢巨变，父亲因病去世，而母亲患有慢性病，妻女都是重度残疾，生活十分艰辛。我没有过他那样的生活经历，这让我在拍摄初期很担心伤他的心，因为我不知道该用什么方法问他一些敏感问题。在首次拍摄的十余天里，他也如我设想那般寡言少语，在谈及家庭现状，和他对未来的打算时，他更是会直接选择沉默不语。在我担忧拍摄将会受阻之余，同时也在疑惑，致贫原因多元，贫困程度这么深，我们的帮扶干部到底该如何做？他如何做才能脱贫？

这个问题必须要解决，但是想要走近他的内心，除了陪伴以外，似乎也没有更好的办法。当时我们组三个小伙子像是哄女朋友一样天天陪着他、泡着他，哄他开心，有一搭没一搭地和他找话题。他收秸秆，我们在；他喂牛，我们在；他发呆，我们还在……

其实我们仨也都没有女朋友，后来做了总结，如果用这种办法找对象，怕是铁定要失败的，因为实在太惹人厌烦。不过我们的真情最终打动了李阿乐坦嘎日迪，在和他朝夕相处后，他也慢慢接

图 5-20
《嘎查纪事》摄
制组帮助李阿乐
坦嘎日迪修牛槽

纳了我们这些外乡人。

　　信任是一种滑稽的好感，和李阿乐坦嘎日迪交心之后，他对我们的态度也逐渐收放自如，在持续拍摄中，我见证了建档立卡户李阿乐坦嘎日迪精神面貌的转变。在扶贫工作不停向前推进的时间线上聚焦，这种变化就看得更加明显。当地主要发展的是黄牛产业，就是通过扶持建档立卡户发展牛的养殖业。

　　2019 年底，李阿乐坦嘎日迪被识别为建档立卡贫困户后，政府就为他落实了两头待产的基础母牛，这也是一个高招，因为有的牛可能终生不孕不育，牛如果不产犊，那建档立卡贫困户就无法产生效益，因此扶贫牛都是怀着孕的牛。

　　2020 年 3 月下旬，扶贫工作队干部又帮助李阿乐坦嘎日迪申请到了小额扶贫贷款，用这笔贷款他又添了 3 头孕牛。加上之前 2 头，这 5 头孕牛就是他自己一个可持续性发展的产业。这些基础母

牛，是如何一头一头被圈进李阿乐坦嘎日迪家的，都被记录在我的
摄影机里。

2020 年 6 月的时候，其中一头基础母牛生产了第一头小牛犊，
这也是李阿乐坦嘎日迪家中第一次产牛犊。拍摄以来我还没见过李
阿乐坦嘎日迪那么紧张，那么高兴。但是，这是他第一次养牛，没
有经验。母牛生产后，青草饲料缺乏，一直在喂干草，缺乏营养，
已经瘦到了皮包骨头。小牛还在吃奶，但牛妈妈的奶头已经很难喂
出奶水了。这些牛是我们看着买回来的，现在养成这样，我们看得
尤其心疼。

像李阿乐坦嘎日迪这样的贫困户，养牛经验不足的事情，在
整个镇上并不是个例。2020 年 7 月，为了让贫困户们能够掌握更
科学的养殖方法，宝龙山镇针对全镇贫困户展开了一次产业培训，
早上六点，大家从周边 51 个嘎查村集结而来。开始的时候，李阿
乐坦嘎日迪只是希望从这次培训中学到喂牛的方法，但培训结束的
时候，他不仅看到了牛该怎么喂，还看到了别人家牛的膘情和基础
设施，以及养牛大户们可观的收益。

从培训会回来后，李阿乐坦嘎日迪马上着手开始修建自己的
牛槽，而且修建了一个高标准的牛槽。第一书记白国林看到后说：
"他的牛槽能养三五十头牛，你就看看他现在的野心有多大。"扶贫
先扶志和智，在激发了李阿乐坦嘎日迪自己的生产积极性后，扶贫
工作也做得顺畅多了。后来采访第一书记白国林，他对我说："习
总书记说过，小康不小康，关键看老乡。这句话他深有感触，只有
老百姓自己精神面貌好起来，扶贫工作才会更加有成效。"

后面的两个月，李阿乐坦嘎日迪家的牛接连产犊，每个月都
有几天跟过年似的。到 2020 年 10 月的时候，他们家已经有了 8 头
牛，5 头大牛，3 头小牛。这 8 头牛都是母牛，因此李阿乐坦嘎日

图 5-21
李阿乐坦嘎日迪家的 5 头母牛已经全部产犊

迪不准备卖，而是要留下来继续发展养牛产业，他前几天给我做过一个远景设想："兄弟，你看我这牛，都是母的，一个下一个，再过两年我就差不多 20 头牛了，现在的牛价就按照一头一万五算，我这一院子牛也要 30 万。"过了两个月，到 12 月的时候，李阿乐坦嘎日迪家的 5 头大牛全部产犊。这意味着他已经有了一个正儿八经的牛群了。

我的故事《嘎查纪事》一直以李阿乐坦嘎日迪养牛的故事为主线，从买牛、修牛舍、下牛犊、给牛看病、做养殖培训等，他从没有牛到一群牛，期间发生的酸甜苦辣我们都做了忠实的记录。我们摄制组也成了扎布萨日嘎查的村民，老乡们对我们的态度也从客气到了熟视无睹的状态，这样真的很好。在长期打交道的过程中，村上、镇上、旗上、市上、自治区各级政府也都给予了很多关注。

在 2020 年 7 月，我见证了村里文体广场的修成，修成那天老乡们自发地在自己村里广场上跳起了广场舞，大家穿得大红大紫，舞蹈动作热情整齐，一看就是经过精心编排的，艺术团的团长还拿起手机直播广场建成的盛况。

在 2020 年 6 月至 9 月的拍摄中，我们的纪录片重点讲述了农民浇水的艰辛。在 10 月下旬拍摄结束的时候，我从当地政府得知，他们已经在积极准备修建电井了，可以预见到的是，电井修成后，村里的老乡们将来给玉米地浇水就不会很辛苦了，那种人不能离开大水漫灌的工作状态将成为历史。诸如此类带来的变化很多，提起笔来想写却不知从何下手了。

图 5-22
扎布萨日嘎查 6000 亩耕地高效节水浅埋滴灌项目启动

一年跟拍下来，李阿乐坦嘎日迪因为肉牛养殖产业，已经有了未来生活的重要保障，家庭也顺利退出贫困户序列，他本人也获得了政府颁发的脱贫奖项。这一年我也学到很多东西，从业以来，我从没有这样的契机，能把一件事跟拍一年，这一年中村子也产生了不少变化，能见证这个变化，我觉得很幸运，也很有成就感。老乡们是希望过上好日子的，在帮扶干部们仔细的关照下，再来一次好的引导，就能够起到事半功倍的作用，激发贫困户的积极性和斗志，让他们看到希望，校正他们的思路，他们就会走上奔向小康的道路。我们衷心希望他们的生活会越来越好。

六

天平村的幸福路

扫码收看《天平村的幸福路》

（一）攻坚之路："木耳西施"的幸福生活

　　汪清县隶属吉林省延边朝鲜族自治州，是东北抗联著名的革命老区，也是吉林省的 8 个国家级贫困县之一。这里位于长白山东麓，山林茂密，人烟稀少，属山区，平均海拔约 806 米，属于大陆性中温带多风气候，冬长夏短，四季分明，垂直变化较大，年平均气温 3.9℃，年平均降雨量为 580 毫米，因为纬度较高，无霜期仅有 110—141 天，年日照时数为 2700 小时。而天平村则是汪清县一座典型的镇中村，离县里还有 40 多里地，比汪清的自然环境更恶劣一些，现有居民 228 户共 792 人，其中光贫困户就有 87 户共 140 人，脱贫攻坚工作任务极重。受自然因素影响，当地居民多以木耳种植为生。

图 6-1
天平村风貌

在天平村河边的原野上曾经有一排漂亮的房子，那里原是村民张伟的家，如今已经变成了一片建筑垃圾。此时恰好又到了培育木耳菌的季节，张伟特意来到家旁边的嘎呀河边找些建筑材料，给即将装瓶的第二批木耳菌做个加热的火墙，她细心挑选的石头个头适中，捡上一小车就可以给木耳菌房垒起一面新火墙，木耳菌房的保暖全靠它。

张伟是天平村 2017 年新增建档立卡贫困户，2010 年，张伟当时的丈夫突然因肺癌去世，花光了家里所有的积蓄，从此改变了她的生活轨迹；2017 年，生活稍有起色的张伟投入了全部家底，加上贷款，种上了木耳，然而一场大水却将她苦心经营的一切吞没了，连房子都吞没了。如今，走在这些残存的废墟之上，张伟心中依然一阵心酸。不过，连遭不幸的张伟并没有失去对生活的希望，灾后，在政府的救助下，张伟一家又从零开始，还好家里还剩下一间 110 平方米的砖房，张伟可以继续贷款种植木耳。

致富之路的新抉择

延吉市汽车站内，天平村的驻村第一书记伊学义和爱人姜玉杰正准备乘坐巴士返回天平村。因为村里生活不便，他们会定期回到延吉市的家中置办些生活用品和换洗衣物。伊学义来自延边州国税局，2017 年，他第一次坐上了去往天平村的大巴，开始在天平村做扶贫工作，他的爱人姜玉杰已经退休，为了照顾伊学义的生活，她也来到了天平村，为驻村工作队做后勤工作。

三年过去了，这条蜿蜒的公路他们不知道走过了多少回，路边景色的四季更迭都已清晰印入脑中。大巴颠颠簸簸地到了汪清县，离天平村越来越近，伊学义已经迫不及待想要将新的扶贫项目和大家分享了。受当地特殊的自然因素和传统因素影响，这里是中国重要的优质木耳生产基地，在天平村，几乎家家都会种木耳。除了木耳产业之外，针对不同的贫困户，伊学义绞尽脑汁寻找适合的扶贫项目。这次，他又找到了两个新方向——养牛和养蜂。伊学义找到了延吉一家在建的大型养牛场，他们正在寻找养牛户合作，饲养肉牛。如果成功引进，一头牛能给村民带来至少两三千元的收入。但这个项目实施起来却并不简单，天平村党支部书记张明勇表示，养牛需要土地种植草饲青储，也需对应的厂房，水、电、防疫工作做到位。除此之外，张书记还担心散养牛会污染水源，带来环保问题，这也得到了多数人的响应。面对这些问题，长期在城里生活的伊学义心里也没了底。

因为大家对养牛方式存在争议，伊学义又提出了第二个方案——养蜂。养蜂投入比养牛少，经济价值高，也比较环保，应该算得上一笔划算的买卖。养蜂方案的可行性得到了一致认可，接下来就是找试点了。由于张伟家水灾后负债累累，需要村里和驻村工作队给予特殊帮扶，而且张伟家住野外，背靠大山，非常适合养蜂。考虑到种种原因，最终大家一致决定，先把张伟家作为养蜂的试点。

养牛方案被驳回的伊学义还是有些不甘心，赶紧和老赵来到了张伟家，看看养牛的场地。不过因为养牛确实涉及排污问题，伊学义也认为张伟家养蜂更合适。可对于养蜂这个新产业，张伟两口子却不同意，一是两个人没有养蜂经验，二是周边的蜜源也并不好。张伟的丈夫付兰祥表示，这个地方曾有不少外地的养蜂人过来看过，却都是瞅一瞅、摇摇头就走了。

和缺乏养蜂经验不同，付兰祥曾经养过将近 20 年牛，对养牛再熟悉不过。平时不苟言笑的他一提起养牛，就说得头头是道。只要牛能交给他养，他一定能给养好。伊学义心里想着村委会上定的事，虽然看出张伟两口子非常想养牛，但是还是跟他们说出了自己对河水污染方面的担心。对于张伟夫妇来说，养蜂投入少，但是蜜源不好，养牛有经验，但是前期投入和环保问题又要考虑。养蜂还是养牛，悬而未决。这时，另一个难题又来了。

这天，夜幕降临，张伟夫妇俩从门口抱来些柴火，准备吃顿简单的晚餐。张伟向付兰祥说起了在外打工的儿子马上要回家过年的消息，而且今年，儿子韩玉博新交了女友，还要和女友一起回东北过年。张伟和付兰祥凑在一起看着儿子发来的女友照片，非常满意，笑得合不拢嘴。儿子第一次带女友见家长，女友还是南方城里的小姑娘，对张伟两口子来说是一件天大的事。自从张伟第一任丈夫去世之后，儿子一直在外地打工，很少回家，这次过年怎么也要隆重一些。可是孩子一旦回家，他们马上就面临一个棘手的难题。张伟家全家生活起居的空间是一间不足 20 平米的卧室，平时养的木耳菌瓶也要放在屋里的暖炕上保温，空间更是狭小，根本住不下四口人。

2017 年水灾后，政府按政策给张伟家在镇上购置了一座小院。因为张伟一直要在山上照顾木耳菌，屋子也就没收拾。这次，张伟两口子决定把镇上的房子收拾一下给孩子暂住。此时，张伟家的院子里已经积满厚厚的积雪。付兰祥赶紧趁着张伟换衣服的工夫把雪清扫一下。屋子太久没住人，整个屋里跟室外一样冷。付兰祥隐隐担心屋子是否能够顺利升温，他一边小心翼翼地生火一边聚精会神地观望。可是，他担心的事还是发生了，屋里的灶坑出了问题，炉灶里燃烧的烟雾排不出去。烧柴不但不能取暖，灶台里冒出的浓烟很快会弥漫到整个房间。

屋子怎么都没法住人，张伟发愁了。儿子在她眼里是一个早熟孝顺的孩子，家里几经磨难让儿子受了很多苦。张伟觉得这次无论如何也要给孩子解决住宿的问题。虽然她性格要强，平时不愿意求人，可是这次她只能硬着头皮找来了驻村工作队。伊学义和赵志云看了看房子，通通灶坑还是可以居住的。但是现在这个季节，暂时也没法收拾，他们只能先劝回张伟两口子，住处的难题他们回村里再想办法，一定要想方设法让这对即将回乡的年轻人住得好。

伊学义回到村部，村两委和驻村工作队又召集开了会。张明勇提出，每年年终，镇里都有针对特困户相应的慰问金，村里可以尝试申请。如果有了这笔慰问金，张伟一家三口，至少能有1000元左右的收入。村委一致通过，决定将张伟家的情况上报给镇里。

终于，到了年终岁尾，寒冬带来了好消息，张伟家的难题解决了，大家为张伟向镇里申请的补助款下来了，一共1600元。心里的一块大石头终于落了地，张伟和付兰祥都有点激动。儿子还有一周就要回来，有了这笔钱，张伟可以拿出500元给孩子在镇上租一间暖气房，比住宾馆要便宜多了。

这天，张伟的儿子终于带着女朋友回来了，张伟也已经租好了房。她早早就从山上下来，准备了一桌重庆火锅。这也是十几年来，张伟最开心的一天。儿子的女朋友叫杜冉，是个地道的重庆女孩。两个人在网上相识，在2019年的夏天确立了恋爱关系。这是她第一次来到东北，因为怕东北太冷，还特意买了一件长款羽绒服。儿子韩玉博，虽然没上大学，但是继承了张伟的一手好厨艺，一直在饭店打工做帮厨。这次他辞职回来，打算过完年就去重庆学习厨师。张伟不知道，他这一走什么时候才能回来。很快，在母子俩一通忙活下，菜都上了桌。开始之前，张伟特地为第一次见面的准儿媳准备了一份特殊的礼物——一张儿子小时候的照片。这是2017年那场大水后，张伟救下的唯一一件纪念品。这也是她能给这个女孩最珍贵的见面礼。对于张伟来说，将这张照片交给女孩仿佛是把自己的儿子也交给了她。

由于张伟家养牛的意愿非常强烈，伊学义还是决定先让张伟养上几头牛犊，解决脱贫的问题，养蜂的项目先放一放。可这时他得知，延吉那家在建的养牛场，最快也要到六七月份才能为农户发放牛犊，这让伊学义坐不住了，他决定去州局走一趟。延边税务局为了张伟的事，专门开了讨论会。会上伊学义提出，能不能先由局里出资给张伟家解决牛犊的问题，这样可以保证她家 2020 年底能通过养牛得到一些收入。鉴于张伟家的特殊情况，会上通过了伊学义将张伟家作为养牛试点的方案，但局里只能先出资购买 5 头肉牛，而肉牛的大小、品种，需要伊学义继续调研。

木耳种植的新困境

雪后的天平村，格外宁静。这是一年中最寒冷的时节，也是菌农们种植木耳最为关键的一个时间节点。张伟家今年第一批做了 600 多个木耳菌瓶，这些瓶中的木耳菌几乎占据了夫妇俩生活的全部。他们每天早晚都要各检查一次，最重要的环节就是监测木耳菌种的温度，要是平均能达到 24 度、25 度就是最好的。温度过低，菌种生长缓慢，过高就会导致菌种减产甚至绝收。对于菌农来说，这种简易的菌瓶造价低廉，但杂菌率高。简陋的生产工具对菌农的管理提出了更高的要求。张伟和付兰祥就像看护自己孩子一样，细心地呵护着这些菌瓶。一旦在菌瓶内发现杂菌，就要马上处理掉，否则很快会污染其他健康的木耳菌。如果到了菌包阶段才发现问题，损失就要增长。一个月前种下的菌种已经发育成熟，现在又接连发现了几个被污染的菌瓶，这意味着木耳菌必须马上开始装袋，否则就会影响全年的收成。这时留给张伟夫妇的时间只有不到7天。

图 6–2
张伟采收木耳

晚上，张伟夫妇在炕头算着做木耳的账。野生木耳生长在森林的腐木上，而人工养殖的木耳却生长在菌袋上。菌袋中的豆粕、锯末都是木耳菌生长必需的基料，是种植木耳的主要开支，算来算去，钱成了最大的问题。给木耳菌装袋，首先要解决的就是资金问题。600 多个菌瓶，每瓶能分装 60 袋，大约能做 36000 个木耳菌包，总共要投入 6 万多元，这对张伟来说是一笔巨款。二人商量后决定，锯末的钱先和老板赊着。

风吹了一夜，眼看一场大雪就要来了，付兰祥和张伟开着三轮车去山上捡柴，他们必须在大雪到来之前储备足够的燃料来维持菌成长的温度。面对茫茫大山，张伟夫妇仔细寻找着树上脱落的枯木和细弱的枝条。户外的温度接近零下 30 度，他们至少要劳作 3 个小时才能捡上一车柴。但菌房的燃料总算有了，虽然和燃煤相比，烧柴要辛苦不少，不过一冬天能省下至少 10 吨煤，这就是五六千元的费用。

在张伟忙着制作木耳菌的同时，第一书记伊学义也开始落实在张伟家搞养牛试点。如果项目成功落地，将彻底改变张伟家的生活面貌。这天，伊学义来到农户付英田家考察，付英田曾经也是建档立卡贫困户，已经靠养牛脱了贫。养牛并不需要太大的场地，付英田家的三间牛圈一共养了 9 头牛。一头育肥牛一天可以产肉 1.5 斤，如果去掉饲养成本，按照一天一斤肉的利润计算，半年一头肉牛能为养牛户带来至少 7200 元的收入。付英田家的养牛条件比较简陋，却依然把牛养得很好，对于天平村来说，草料也不缺，一番考察过后的情况更加坚定了伊学义帮助张伟养牛的信心。

这边，张伟开三轮车来到扶贫榨油厂，瓶中的菌一天天在长大，张伟必须马上解决装袋所需的全部物资。在榨油厂，张伟恰好遇到了正在榨油厂帮忙的伊学义和赵志云。现在正有一个发往吉林市的 5000 斤豆油订单等着出货，为了减少现金支出，张伟把家里的黄豆拿到村里的扶贫榨油厂加工成豆粕粉。豆粕粉含氮很高，是木耳菌生长必备的优质氮肥。2018 年，由村里出场地、对口扶贫单位出设备，天平村的扶贫榨油厂建成了。为了减轻农户的负担，只要是自带黄豆来榨油的，榨油厂只收取少量的加工费，一斤的加工费仅需两角钱。见张伟忙活完了准备离开，伊学义又提起了扶持张伟家做养牛试点的计划，预计等四月份天暖和了，牛就能进张伟家了。

豆粕粉的问题解决了，但是菌袋制作中另外两个大额支出却又难住了张伟。一是锯末，二是人工。这笔钱到底要如何解决呢？张伟决定去镇上找同学帮忙。王洪荣是张伟的小学同学，经营着一家药店。洪水之后，也是她第一时间给张伟家送来了必需的生活用品。这一次面对资金短缺的窘境，张伟又一次找到了她。王洪荣家里也正是用钱的时候，张伟觉得非常难为情，可是钱还是要借。她只能反复跟同学承诺，卖了木耳菌之后，一定第一时间还钱。最终，王洪荣借给了张伟 1 万元钱。1 万元钱，这就是张伟的及时雨。有了它，家里的菌种终于能够如期离开菌瓶进入了菌袋了。

镇上的菌包厂都在开足马力，加紧生产，空气中弥漫着一股豆制品的香味。张伟家的菌包制作终于开始了，这批木耳菌装袋所需的锯末至少要 3 万元。张伟同老板商量，用借来的钱先支付了部分费用。菌包厂将锯末、豆粕、石灰等原料混合，做成一个个菌包。在接种木耳菌之前，菌包需要在锅炉里长时间蒸煮、灭菌。两天后，张伟家的这批菌包就能回家进菌房了。

农历小年，整个天平村都热闹了起来，延边州税务局的干部来张伟家慰问，帮扶单位延边州税务局和村里的联欢活动也如期举行。联欢会上，天平村军鼓队表演、张伟和延边州局干部一起跳起朝鲜族集体舞蹈。张伟从小喜爱唱歌跳舞，家被洪水冲走之后，她一直为了生活劳碌奔波，一度不愿意参加村里的集体活动。这次村里的联欢会，让她重新找到了曾经的快乐。

凌晨 5 点，付兰祥开始给菌房升温了。几经波折，菌包今天终于要进入菌房了。生火、烧柴是个体力活，在菌包进屋之前，菌房的温度必须达到 25 度以上。

这段时间，为了筹集些资金，付兰祥接了一份植树造林的短工，是个重体力活。张伟特地给付兰祥的午饭准备了一份肉菜，让他带走吃。

终于，满载木耳菌包的货车到了。因为进菌的时间都是严格按顺序排列好的，所以工人们必须争分夺秒才能按时完成工作。因为人手不够，在镇上驾校学习的儿子韩玉博也特意请了假来帮忙。在他眼里，母亲为这个家付出了太多。他也想尽自己所能为母亲减轻负担。

2020 年春节的前两天,张伟的菌包最终全部进了菌房,木耳种植最重要的一个环节终于完成了,张伟身上也添了将近 4 万元的新债,她最大的期望就是能够多挣点钱,争取早点还完债,抬起头做人。

大年三十,辞旧迎新。张伟换上儿子给买的新衣服,还化了淡妆,一家人其乐融融地坐在饭桌前吃年夜饭。儿子韩玉博计划元宵节之后离开天平村,和女朋友一起去重庆,学习川菜,对于未来,韩玉博有清楚的规划,这让张伟很欣慰。

然而,伴随着春节一起到来的是一场突如其来的疫情,这也改变了大多数中国人的生活轨迹。大年初三,伊学义和爱人姜玉杰就回到了天平村,伊学义和工作队员在村口值班,登记往来车辆,在延边州税务局的支持下,伊学义还购买了口罩和消毒水,挨家挨户分发。幸运的是,在大家共同的努力下,天平村一直没有新冠肺炎的确诊病例。

疫情也给张伟一家带来了一些影响。大年初二开始,张伟一家就终止了一切外出活动。除此之外,韩玉博和杜冉去重庆的行程也被推迟了。张伟原计划再制作一批木耳菌,但是镇上的菌包厂已经全部关门了。3 月初,张伟家即将面临第二批木耳菌的制作,随着疫情逐步得到控制,镇上的木耳菌包厂能否顺利开工、后续资金如何凑齐两大问题成了张伟新的牵挂。

电商卖货的新思路

2020 年,长白山深处的天平村的春天来得格外晚。已是 5 月上旬,大地才刚刚染上一点点春意。春耕已经开始,可木耳菌农们却顾不上整地,他们迎来了做菌最关键的环节——菌袋出菌房,摆袋。气温升到 25（摄氏）度之前，他们要完成全部菌袋的打孔、迁移和下地摆放。对于菌农来说，时间非常紧迫。这一段时间，是木耳种植中最忙最累的时候。

凌晨 4 点，天色已经放亮，木耳种植户张伟一家已经开始了一天的劳作。前几天，付兰祥的亲戚送了他一辆即将淘汰的三轮车。张伟舍不得雇人，请来了二哥张永帮忙。这几天温度有点低，还不到 20 摄氏度，张伟看了天气预报，后面几天还会下雨，大雨之前，张伟必须处理完全部菌袋，否则，仅一个菌袋就会带来将近 10 元的损失。

张伟的这批木耳菌的菌房在 2 公里外的隔壁村。摆袋前需要"砍袋"，砍袋就是用机器在菌袋上打孔，然后再将菌袋摆放到室外，但是打了孔的菌袋处理不好，木耳菌很容易就被污染，导致减产，这也是木耳生产中必不可少的一环。大雨将至，分秒必争，他们计划一天起码要完成一万袋的任务量。一到菌房，他们第一时间检查了菌袋，发现已经有菌袋开始变质。这是明显的高温高湿带来的病变征兆。张伟粗略算了一下，受污染的菌袋大概在 2000 袋、损失至少 15000 元。为了避免更多的菌袋变质，他们必须加快进度。木耳菌袋变质之前会产生一种被叫作"红蘑菇"的霉菌，这也是木耳菌袋必须摆到室外的一个标志。但"红蘑菇"的出现会堵塞打孔机，因此，每隔二三十分钟，张伟就要停下来清理机器。

就在这争分夺秒的紧张关头，打孔机却突然失灵了，张伟只好联系了村里的一个熟人，借来手动打孔机，付兰祥则去镇上买打孔机的配件。借来的手动打孔机效率很低，砍袋的进度一下子就降了下来。三个小时后，付兰祥买回来新的配件，进行了更换后，机器依旧没有启动，付兰祥猜想是公共开关坏了，此时，张伟已经有些着急了。为了确定到底是哪里出了问题，他们再次仔细检查了设备,原来是粗心的付兰祥把割口的配件装反了。把配件重新装好后,机器再次欢快地工作起来,张伟赶快催着付兰祥将借来的打孔机物归原主。最后,一整天下来只完成了6000袋任务,张伟夫妇感觉到了一股巨大的压力,心情也十分沮丧。

与此同时,驻村第一书记伊学义正在140公里外的延吉市为天平村的木耳奔波着。最近,在中共延边朝鲜族自治州委组织部的协调下,各村联合成立驻村第一书记协会。为了打开各村农产品的销路,大家准备联合起来采用电商的模式,把各村的农产品通过网络直播销售出去。协会成立需要履行正规手续,为了这份执照证书,光是材料伊学义就准备了一周,这才终于把"延边朝鲜族自治州驻村第一书记协会"的证书拿到手。协会组建了,但是会不会得到村里乡亲们的支持,伊学义心里不是十分有底。拿到证书之后,他连忙赶往天平村。

木耳是天平村的支柱农产品,但是始终卖不上好价钱也是天平村近20年来一直没有解决的问题。伊学义的电商新思维能不能药到病除,村委会成员心里并没有十足的把握。为此,伊学义耐心

图6–3
第一书记伊学义为张伟拍木耳宣传照

地展开了说服工作，向村委成员解释了电商平台的销售思路，还讲了一些电商平台售卖农作物的成功案例。经过长时间的动员，伊学义终于赢得了村委成员的支持，准备推行他的电商计划。

电商，对于天平村老百姓来说是一个新鲜事。尽管不是十分理解，但是大家都被伊学义描绘的美好图景说动了，不同的意见也得到了统一，村委会的议题也开始进一步推进，转向为村里的木耳找寻一位代言人。伊学义考虑到张伟比较年轻、上相，建议让张伟做天平村的木耳代言人，就叫作"木耳西施"。

此刻天平村的木耳种植户都在紧锣密鼓地忙碌着。菌袋正在被运往田间地头，进行摆袋。张伟家也还有近一半的工作没有完成。在地里摆袋的张伟还不知道她已经成为天平村的"木耳西施"。她正在和即将到来的雨天搏斗着。很快，伊学义找到张伟，告诉她了这个好消息。直接面对镜头、做直播，推销木耳，这是张伟从来没想过的事。面对伊学义的邀请，张伟有点犹豫。虽然心里有些忐忑，但是为了能让村里的木耳卖个好价钱，张伟还是同意了伊学义的提议。

伊学义刚好在路上偶遇了王玉启，王玉启做过多年的村干部，觉悟很高，伊学义觉得王玉启也能赞同他的电商计划，便又和王玉启解释了一下自己的想法。然而，见多识广的王玉启却提出了自己的担忧。以往耳农都是把木耳一次性卖掉，转为电商销售，势必要分批拿到销售款，还有卖不掉的风险。损失，怎么办？这让伊学义也陷入了思考，电商销售的前景究竟会怎么样？

距离预报的暴雨来临还有一天时间，张伟家依然还有将近两万袋木耳没有摆完，这通常来说至少需要两天时间。张伟负责在地里摆袋，付兰祥负责装车，然后拉到地里，再卸车。但是着急赶工的付兰祥为了快点完工，一车装了将近两千个菌袋，是平时的一倍多。即将被淘汰掉的旧三轮车不堪重负，坏在了地里。

二人又花费了些功夫修车，车修好了，开始卸车。卸车也是一门学问，通常都是相邻两行的两车菌袋卸在一行内。付兰祥依旧还是没有算明白。结果，四千多个菌袋同时被卸到了一行内。等到发现问题的时候，老付已经跑了两趟，卸了四车了。每行摆放 650个菌袋，付兰祥两行卸了近 4000 个，多出的菌袋需要人工搬运。天色转阴，暴雨将至，张伟更焦急了，逐渐有些失控。摆袋需要付出巨大的体力和耐心，好在，不仅二哥张永帮忙，老天也来帮张伟的忙，预报中的大雨始终没下来。两天之后，摆袋顺利结束。从拌料接种再到露天管理，经过半年的辛勤劳作，这些木耳菌袋终于能够享受阳光雨露的滋养。不出意外，张伟家的木耳将在一个多月后迎来一场收获，为了庆祝摆袋结束，张伟决定以一顿晚餐向二哥张永致谢。虽然是请二哥吃饭，张伟还是让二哥和付兰祥自己去河里打鱼，长期在河边生活的付兰祥，早就练就了一手捕鱼的技巧，但今天付兰祥的运气不太好，头三网，网里空空。还好，两人及时又转换了一个地点，最后在一个河汊里捕到了一些小小的柳根。

有了鱼和野菜，张伟的晚餐就非常丰盛了，然而，就在这个时候，两个意外来客一下子改变了张伟一家的晚餐计划——儿子韩玉博带着女朋友杜冉从重庆赶了回来。杜冉家的经济条件不错，在她父母的支持下，两人回到了天平村。刚巧赶上母亲节，韩玉博还送给了母亲一束鲜花，对于儿子的这次奢侈之行，张伟虽然很心疼路费，但当她看到儿子和准儿媳妇的时候，脸上乐开了花。原来，韩玉博深知摆菌的辛苦，本想悄悄赶回家帮忙干活，可没想到着急赶工的张伟已经提前完成了任务。

因为杜冉是重庆人，儿子回家，晚餐理所当然地从野菜鱼汤变成了火锅。也就在这个时候，预报中的那场暴雨姗姗来迟，降临到了长白山深处的这个小村里。天有不测风云，就在这个夜里，上一次大水之后一直陪伴在她身边的大狗突然病逝了，这让张伟再一次经历了离别。

科学养牛的新希望

菌袋摆完了，张伟夫妇开始早出晚归管理木耳菌，此时菌房也腾出来了，张伟两口子着手改造牛棚，他们一直惦记的牛即将进村。这天对张伟和付兰祥来说可是个大日子，不到 5 点，两个人就起身，整理着装，准备出发。

扶贫单位延边州税务局通过国家肉牛体系延边试验站联系到了一家肉牛企业。企业计划在天平村搞扶贫助农的合作养殖，愿意为张伟提供母牛，先试水。四年之后，张伟除了归还牛之外，繁殖的成牛也要优先提供给企业。据延边畜牧开发集团的总经理吕爱辉介绍，他们给张伟准备的是延边黄牛的母牛的保种群。

面对成群的牛，张伟和付兰祥两口子一下子似乎挑花了眼。经过长达 3 个小时的挑选，张伟最终选出了 5 头怀孕母牛。可是临上车前，付兰祥又开始一番斟酌，最后他凭借着他以前的养牛经验，认为其中一头牛的状态不好，只选了 4 头牛上车。经过 140 千米的山路颠簸，张伟精挑细选的 4 头母牛终于进了家门。4 头怀孕母牛价值 8 万元，不出意外，今年秋天将会产下 4 头小牛，它们将是张伟一家摆脱贫困的新希望。

付英田是靠养牛致富的代表，短短两三年内，就将养牛规模由 2 头扩大到了 10 头。为了更好地养牛，张伟夫妇特意托驻村工作队的赵志云牵线，上门取经。今年，付英田家的牛将全部圈养，虽然育肥快，但需要为牛准备充足的饲料。然而另一边，家有 20

头牛的李光文因为饲料成本太高，今年打算将牛全部放到山上散养。那么，自己的4头怀孕牛到底是散养还是圈养呢？这难倒了张伟夫妇。

为了让刚接触养牛的农户尽快上手，驻村工作队又和扶贫企业一起请来了北京的专家杨红建教授科普养牛技巧。面对抽象的养殖技巧，张伟认真地拍照、记笔记，特别希望自己也能按照杨教授讲的方式科学养牛。同时，她还加入了养牛技术交流群，随时向专家请教。

中国农业大学动物科学技术学院杨红建教授认为张伟家有一头牛偏瘦，最好按照严格的配比给牛加餐。除此之外，杨教授鼓励张伟，有条件的话，还是要圈养，还要注意牛饲料的营养均衡，最好补点钙。对于教授的指导建议，夫妻二人的看法出现了争议。张伟认为最好按照专家的建议，精确搭配牛的饲料，可付兰祥却认为太过教条，不切实际，根本没有必要。

最后，张伟和老付没听杨教授尽量圈养牛的建议。毕竟张伟他们现在手里缺钱，不好意思再添新债，无奈之下，只能采用山区养牛的老办法，让牛上山。为了能实时查看牛在山上的位置，张伟特地花了大价钱网购了一套定位器。并且把定位器放在最听话的一头牛身上。这头牛也成了张伟和付兰祥认定的头牛。然而不久后，一头不合群的牛就出逃了，这种情况还不止发生了一次，张伟一家的放牛目的地在3000米外的山顶上，可牛的反复逃跑，让张伟的心里更加没了底，丢失任何一头牛，都是她无法承受的损失。

十天后，到了给牛喂盐的时间。由于张伟特别担心牛的安全，她执意要和付兰祥一起去山上找牛。每次上山，付兰祥还有一个重要的任务，就是看看动物经常喝水的地方附近有没有给动物下的陷阱套子，防止它们套到自家牛。

牤牛沟是长白山的一个山峰，占地将近 40 平方千米，张伟家的牛就在这里。因为范围太大，找牛并不容易，张伟和付兰祥顺着卫星定位信号先找到了大概方位。只要牛在附近，听到喊声就会做出反应，循着牛铃声，付兰祥就能找到它们。但因为山里没有信号，手机连接不到牛身上的定位器，两人只好寻着牛的脚印找牛。3 个多小时过去了，牛终于找到了。付兰祥给牛喂了些苞米面、豆粉、钙和鲜盐的饲料，看着膘肥体壮的四头牛，张伟两口子暗暗地松了一口气，他们把牛放上山散养似乎也不是一个坏决定，单是圈养需要的碎草机对他们来说就是很大的负担了。放养牛虽然需要付出异常的辛苦，但可以节约六七千元的成本。

6 月中旬，张伟家的第一批木耳到了采摘的时节，因为今年的工人不好找，付兰祥早上 3 点就来镇上接人。木耳进入收获季节，几乎每天都要采摘，木耳过大卖不上价，过小产量又太少，只有大小和厚度合适的木耳才能实现收益的最大化。张伟家的 3 万袋木耳必须尽快处理完，否则就会造成损失。采摘工每天工作 8 小时，需要支付 100 元工钱。二哥张永负责搬运，每天能为张伟省下 120 元钱。刚采摘下来的木耳需要马上晾晒，否则也会很快腐烂。中午，气温升高，有的木耳就已经开始腐烂了。眼看就到工人收工的时间了，张伟希望采摘工能再多干一会儿，但采摘工们拒绝了张伟的提议。

尽管有些小波折，但张伟家的 3 万袋木耳丰收在望，可惜天有不测风云，一场突如其来的冰雹导致木耳袋上还未长成的木耳芽大片脱落，甚至绝收。按往年的收购价估算，张伟的损失至少在 2 万元，她刚有些盼头的生活眼看又要跌入谷底。

很快，驻村工作队和村两委就开始下户统计冰雹带来的损失。然而，张伟、王玉启这样的耳农并不在保险公司的赔付范围内，也没有受灾补贴，冰雹带来的损失只能由他们自己承担。这次，全村在这次冰雹灾害中共有 180 万袋木耳受灾，看着耳农的满面愁容，伊学义也在思考如何减少这场灾害带来的损失。按照以往的经验，被冰雹打掉的小木耳都要被当作废料处理掉。但是伊学义觉得掉在地上的小木耳仍然有着不小的市场价值，可以通过独立小包装，投入到他正在开发的线上线下平台销售，这在无形中也挽回了冰雹带来的损失。只是，这种新方式能否奏效还是个未知数。

直播带货的新体验

7 月中旬，天平村刚刚入伏，这是一年中最炎热的季节。冰雹过后，张伟家的木耳比预计减产 1000 多斤，剩下的 5000 斤已经全部入仓。还有一个月，一笔 4 万元的贷款就要到期，张伟有些着急，一直惦记着如何将这批来之不易的木耳卖出好价钱，将木耳变现是她的当务之急。张伟夫妇认真算完了木耳的成本和支出，发现木耳的销售价格至少要在 31 元，才能符合张伟的收入预期。

疫情的缘故，缺少了一些南来北往的木耳客，导致木耳的行情不好，四处奔走的驻村第一书记伊学义找到了一笔 6 吨的订单。木耳菌包一般可以产出四茬木耳，第三茬、四茬的木耳叶面干净，片形美观，价格也是最贵的。村里的老栾主要负责天平村的收购，但这次，耳农对老栾报出来的 30 元一斤的价格并不满意，认为中间商抽取的利润太多，耳农赚不到钱。市场收购的价格低，可耳农的成本不能再低了，面对低于预期的价格，耳农们都不愿意把木耳卖给老栾。市场行情如此，老栾也很无奈，村民实打实的付出也不能没有回报。

今年天平村的木耳虽然遭灾，但是依旧有着不小的产量。将木耳以较为理想的价格收购是伊学义眼下的头等大事，耳农和收购商之间没有就价格达成一致，这让伊学义很焦虑。

今年来张伟家收购木耳的人没有往年多，还款日一天比一天逼近，但是价格始终上不去，张伟越来越焦急。讨价还价半天，这家收购商虽然给了张伟31元每斤的价格，但是张伟觉得还有希望找到更好的价格，没有同意卖掉木耳。

清晨5点，张伟又开始准备制作秋耳的菌瓶。张伟家的位置比较偏，如果不是熟客，很少会有人上门收木耳。看到路上来来往往的木耳车，张伟有点着急。她决定选择以前的老办法，到路上拦车，扩大客源。对于耳农来说，木耳卖的每一分钱都至关重要。上路拦车之前，张伟拉着付兰祥练习讲价技巧，不擅表达的老付怎么也记不住。真到了路上，两人似乎又发现木耳车也并不是如同他们之前感觉的那样多。刚开始两个小时，两人一辆车也没拦到。又过了一个小时，等了几拨人，终于等到了买木耳的车。在往回走的路上，张伟抓紧时间就价钱跟付兰祥做最后的叮嘱。没想到，收木耳的人并没有按他们预想的那样议价，直接就挑起了木耳的毛病——温差小，根和叶两种颜色，说得付兰祥没了办法，只好尴尬地笑笑。因为收购商的车里装满了木耳，最终他们也没有给出报价。距离最后的还款日还有将近20天，张伟还想再看看能不能找到更好的价格。

此时伊学义正在为准备利用网络平台在国税系统内部做一场带货直播，这次他要主推天平村的木耳。平台要求每一个产品都要有宣传图片和短视频，在直播之前提前预热，伊学义特意给"木耳西施"张伟拍了一系列图片和视频，用来展示木耳、吸引买家。

因为被冰雹打过的木耳大小不一，还会有泥沙，很难卖上好价格，抱着一线希望，张伟又问起了伊学义，这批幸存的木耳能不能帮着售出。伊学义表示,这批木耳需要包装后在线上或者线下商场出售,因此一时半会没有办法卖出,而张伟家的木耳最多挺到八月左右,时间方面并不合适。最终,伊学义决定暂时先不考虑做包装的事情,直接到省协会直播间进行直播售卖。

青松村的金久是付兰祥的老朋友,两家的牛也在一处放养,这天,金久登门拜访。几个月前,张伟曾经向他借了5000块钱制作木耳菌袋,此次前来金久只字未提欠款的事,张伟却主动挑起了话头,希望金久再宽限几天,木耳售出后她才能还款。仔细一算,不仅是老金的欠款该还了,她最大的一笔4万多元的贷款也马上到期。张伟这个时候没有更多的选择,即使达不到心理价位,她也不得不卖掉一部分木耳来还上这笔欠款。

今天是张伟的护林防火值班日,值班间隙,张伟不断留意路上来来往往收木耳的车。一番讨价还价之后,最终,张伟以每斤30.8元的价格卖出了1000多斤,这是她认为最好的一批木耳。这个价格甚至比前几次木耳收购商的报价还要低一点。卖了3万多元,比预计少收入了200多元,这让张伟有些不开心。她分析了一下,觉得最大的原因就是老付没有演好自己的白脸角色,直接导致售价不到位。

因为直播带货的消息一直没有进展,张伟只好将专门为直播准备的木耳在线下卖出。最好的木耳没能卖出最好的价钱,这让张伟有些灰心,改变了之前参与直播的想法。对张伟来说,在家里做直播的话她还可以试试,去省里头那些大地方,就有些怯场了。

关于直播,伊学义拿抖音直播卖货给张伟做例了,但因为缺乏经验,张伟觉得自己文化水平也不高,顾虑比较多。由吉林省委组织部创立的吉林省第一书记协会,即将在这个周五举行直播首秀,协会组织开发的手机软件"代言"也将同步上线。眼看还有三天就要直播了，张伟却打起了退堂鼓，这让伊学义有些措手不及，劝说也显得有些苍白。面对张伟的犹豫，伊学义一时没了辙，只好让张伟和老付好好考虑一下，再做决定。

直播还有三天就开始了，伊学义又一次调整直播平台的海报，把张伟家的环境也加了上去，并且做了 39.9 元包邮的优惠活动。为了这场直播，伊学义已经准备了四个多月，预告海报也已经全网发布，调整代言人的难度很大。而他选择张伟做代言还有另外一个原因：随着《攻坚日记》节目在全国播出，张伟一家的脱贫故事也牵动着很多人的心，她的人气正是村里直播带货难得的资源，伊学义必须尽快说服张伟。

第二次找到张伟，伊学义转变了策略，他建议让付兰祥也一同前往，为张伟坐镇打气，刚好两人都还没坐过高铁，这次难得有机会去外面见识一下。但两个人一同前往长春还面临一个现实的问题——家里这些木耳、牲畜没人照看可怎么办？尽管伊学义苦口婆心地劝说了多次，张伟一时还是拿不定主意。付兰祥还担心，要是直播效果不好，木耳卖不出去，张伟会被人诟病。各种各样的顾虑层出不穷，但为了大局，张伟最后还是同意伊学义的请求，两口子一起去长春参加直播。

伊学义的妻子姜玉杰经营着一家爱心超市，为贫困户提供零加价的日用品，同时也管理着一家扶贫服装店，服装全部来自社会爱心人士的捐赠。为了此次直播，伊学义特地让张伟到服装店选一套适合上镜的衣服。她挑选了一件印有天平村字样的蓝色 T 恤衫。但是，张伟挑选的这件衣服却让老付很不满意，从场合到气质，付兰祥一一点评，俨然是一个严格把关的形象顾问。从颜色到款式，折腾了大概一个小时，张伟终于选到了一套两个人都满意的搭配。

因为要在长春过夜，家里的牲口和木耳没人照顾，张伟和老付开始打电话找人来帮忙。没想到，接连打了四五通电话，却一直没有找到合适的人选，没办法，夫妻二人最终还是决定留下付兰祥在家看家。

第二天凌晨 5 点，张伟起身收拾行囊。她最终还是穿上了那件在服装店挑选的蓝色 T 恤衫。因为她觉得 T 恤上有天平村的字样，能让观众记住天平村的木耳。高铁从省会长春修到了延吉市，从长春到延吉不到 3 个小时，对于初次坐高铁的张伟来说，看什么都感到新鲜，是一种享受的感觉。张伟上次去长春还是五年前，那时是为了给妈妈看病，坐客车需要 5 个多小时。

一上车张伟就想和付兰祥联系了，但是没有信号。车在安图站停车的时候，张伟第一时间拨通了老付的电话。通过视频电话，张伟兴奋地向付兰祥展示坐高铁的样子，希望有机会也能让付兰祥来体验一下坐高铁的感觉。

下午 5 点，张伟来到了吉林省第一书记协会的直播间。这次直播将在晚上六点半开始，来自吉林省内 10 个地区的第一书记都将亮相，为村里推广特色农产品。这场直播面向全国，每人有 20 分钟时间。直播时间即将到来，张伟有点手足无措，她特地拿出提前准备好的笔记本写着自己早已准备好的要点。本来以为自己做足了准备，可看到前两位书记滔滔不绝，接连讲了将近一个小时，张伟突然紧张起来，连忙把伊学义拉到走廊再次对起了直播词。在直播间外的走廊，因为过度紧张，张伟突然说不出话了。而就在这个时候，张伟和伊学义的直播时间到了。

进入直播间后，伊学义和张伟首先做了一通自我介绍，张伟谈起了自己曾经的不幸遭遇和后面为了脱贫做的努力，二人着重夸奖了天平村的木耳。不知不觉 20 分钟过去了，虽然伊学义觉得直播很成功，可是张伟却对自己的直播首秀表现不太满意。虽然很紧张，时间也有些不够，但完成这次直播依然让张伟很激动。

第二天回到村里，张伟和伊学义马上赶到村部，联系软件后台查询销售结果，后台显示卖出了 567 斤木耳，销售额是 22623 元。代言的木耳销量不错，张伟也喜上眉梢，这完全出乎他们的意料，本来准备好的包装袋都不够了。联系好了包装袋，张伟赶紧回家，把这个好消息和老付分享。但付兰祥对直播的结果却并不满意，觉得代言没有做好，木耳卖得少，会对不起村里。

天平村的木耳质量很高，却因为种种原因卖不出高价，这次直播带货带来的经济效益让伊学义更加有了信心，为了让天平村的木耳卖出更好的价钱，伊学义决定建立天平村木耳自己的品牌"木耳西施"，并做出对应的包装，突出天平村木耳的特色。这一次，伊学义找到天桥岭镇的木耳经销商栾玉波，让他帮着一起销售村里的木耳。栾玉波从事木耳销售将近 15 年，经验丰富，起初老栾并不是十分认可形象代言人的作用，但是伊学义觉得张伟参与直播带货成绩喜人，给村里带来十分明显的收益，坚持用张伟代言，带动销售。在木耳的销售上，老栾和伊学义也有着不小的分歧。老栾一直觉得传统的销售模式效果不错，可伊学义觉得附加值太低，坚持要精包装，高附加值。最后，多年从事木耳销售的老栾也被伊学义描绘的美好前景说服了，认同了伊学义给天平村木耳重新做的定位：精包装、高附加值、提升木耳的档次，并开始帮忙联系礼品盒包装的制作。

这边"木耳西施"正平稳起步，好事成双，付兰祥也给张伟带来了一个好消息——他听山上放牛的人说，他家山上的母牛产了一头小公牛。张伟回家了，他就惦记着给母牛补充一些营养。早上 6 点多钟，老付匆匆地吃过早饭，装了一些玉米面、钙粉就上了山。付兰祥在山上找了半天小牛崽，发现原来是一头小母牛，喜出望外，想赶快把小牛抱到大牛身边，可大牛却不在附近。看着奄奄一息的小牛，老付也顾不了太多，只好带着这只小母牛去找妈妈。新出生的小牛有四五十斤重，对于老付来说简单的两千米山路变得异常辛苦。一个小时之后，老付终于在山脚下找到了牛妈妈，不过，还有了一个意外惊喜，母牛的旁边还多出了一头小公牛，原来母牛生了一对龙凤胎。但也因为身边有了这头小公牛，小母牛刚刚出生就被牛妈妈抛弃了。付兰祥担心的事情还是发生了，大母牛一直不让小母牛吃奶，他急中生智，让小母牛的身上蹭点小公牛的气味，这才有所缓解。看到母牛开始接受这头小牛，老付放心地回了家，和媳妇儿分享这份喜悦。于是，恰好去张伟家督促给客户的订单发货的伊学义也知道了这个消息，十分开心，张伟家的好日子终于来了。

台风袭来的新问题

进入 9 月，天平村的天气阴晴不定，张伟家木耳的采收也已经接近尾声。此时，一多半木耳已经腐烂了，雨水会更容易造成木耳腐烂，这个时候，张伟的心情完全跟着天气在走，稍有阴天，张伟的情绪也马上跌入了谷底。

天气预报中的台风"海神"即将登陆天平村。2017 年的时候，也是一场极为相似的大雨之夜，暴雨带来的嘎呀河溃坝曾经让张伟一家陷入赤贫，现在看到大雨，张伟依然心有余悸。小雨一点点地下起来了，假如大雨来临，木耳袋上成熟的木耳即便不被暴雨打落也有可能陷入雨中导致溃烂。尽管非常时期工钱翻了一倍，张伟仍然争分夺秒，和雇工一起抢收木耳。然而，雨越下越大，张伟家的木耳还有一半以上没有摘完。即将到来的台风让全村都紧张起来，村部开始着手安排低洼地带的村民撤离到安全地带，而紧临嘎呀河的张伟家是村里动员撤退的第一站。

采摘下来的木耳刚刚上架，现在装袋必定全部腐烂。张伟两口子决定先观察水势，如果嘎呀河溃坝，他们再把湿木耳装袋带走，把损失降到最低。伊学义虽然担心张伟家的情况，但张伟夫妇观察完水位后，坚持先收拾完木耳再走。过了一个小时，尽管雨依旧不停，但是嘎呀河似乎没有涨水的迹象。张伟和老付商量后决定继续观察水位，根据情况决定是否撤离，这次，有了前车之鉴的张伟开始收拾证件，做好应急准备。

村里干部用了整晚时间跑遍了天平村每一户地势低洼的村民家，劝说他们撤往高地。最终，张伟两口子因为担心自家的木耳没有撤离。老付也特地设了闹钟，每两小时出门看一次水位。将近凌晨一点，付兰祥的手机铃声响起，4 点，他又一次出门观察水位，这一夜注定无眠。

好在嘎呀河尽管水势凶猛，却没有垮堤的迹象，张伟和老付也暗暗地松了一口气。雨势逐渐变小，惊心动魄的一晚也终于缓缓地过去了，尽管没有溃坝，但是张伟家里的木耳却都被泡在了水里，万幸的是，尽管台风和暴雨打落了不小木耳，暴雨之前的抢收也为张伟挽回了不少损失。

最让张伟发愁的还是他们家里进出的桥在暴雨之夜塌陷了，禁止通行，这让惦记上山看牛的张伟两口子开始发愁。由于没有办法出门，张伟只好打电话求助朋友帮忙，可湍急的河水、湿滑的山地让每一个村民都没有办法上山。关于自己家里的牛，张伟也没有什么好办法了。

张伟和老付担心的事变成了现实。前一天晚上，张伟家一头怀孕的母牛被缰绳绊倒，出了意外。付兰祥最终只能把牛全部牵下山，关进自己家旁的围栏里，这样牛虽然多了一些束缚，但是却安全了不少。养了这么久，老付对牛的感情很深，每次喂牛，看到仅剩的三头母牛和一头小公牛，他都要絮叨一会。张伟每天早上看到家里的牛，也有些接受不了，她不想辜负扶贫工作队对自己家的支持和帮扶。死牛事件让张伟和付兰祥情绪都很低落，晚上，控制不住情绪的张伟开始埋怨起了付兰祥，觉得老付对家里的牛照顾不够。

张伟家死牛事件传到了伊学义耳中，也让伊学义牵挂起来，他特意去张伟家安慰张伟两口，并劝说他们给牛上保险，这是伊学义能帮着张伟想到的一个解决方案。经过这件事，张伟也意识到了保险的重要性，她也问过别人，说是开春才能上保险，伊学义决定再帮张伟打听打听。伊学义联系了多家保险公司，给出的答复都是必须要达到一定的数量才能参加保险，最起码要30头起保。万般无奈之下，伊学义建议张伟联合多家养殖户一同参加保险，张伟最终决定开春和养牛多的朋友一起参保。

张伟家的两头牛即将产崽了，付兰祥每天都在琢磨如何让两头怀孕的母牛顺利产下小牛，药店老板推荐了给小牛的营养药，据说可以防病，还能给母牛肚里的崽子提供营养。老板的推荐让付兰祥犯了难。喂营养药会让小牛长得大一些，但是牛崽越大，越会对母牛生产造成困难，不喂的话又容易导致母牛营养缺乏，没有力量产崽。买还是不买，在兽药店，付兰祥仔细地分析起来两者之间的优劣之别，最终还是买下了药。

给牛喂药老付一直都是自己上手，生怕出什么问题。为了防止牛再被绊倒，老付仔细研究了如何拴缰绳，但他一直没有找到最佳的办法，只好去请邻村的养牛大户王锦林来做指导。王锦林的拴牛方法从长短到松紧都有讲究，老付认真采纳，并且亲自试验，终于掌握了技巧。

　　在扶贫工作队的帮助下，张伟家顺利养了牛、售出了木耳，张伟还摇身一变，成了"木耳西施"，日子越过越好，这一家子的生活又会经历哪些变化？为了让天平村的木耳卖出好价钱，伊学义提出的精包装、高附加值、提升木耳的档次的品牌计划能否顺利实施？这一切还需要经历实践的检验。

（整理人：李晓霞）

（二）使命担当：乘振兴东风　奔康庄大道

| 天平村第一书记伊学义手记

　　吉林省汪清县是国家级贫困县，天桥岭镇天平村是汪清县重点贫困村。天平村是一个多灾多难的村。几年来，百年不遇的洪水、百年不遇的森林大火都曾无情地施虐在这里，而在每年五六月份禾苗正当时，不速之客冰雹也会常常无情的光顾这里。

　　2020年6月18日15时40分，延边州气象局发布雷电黄色预警信号："预计未来12小时，我州西部和北部部分地方有雷电活动，局部地方伴有短时强降水、雷雨大风、冰雹等强对流天气，请广大群众和有关单位做好预防。"

　　随着消息的扩散，全镇百姓的心都提到了嗓子眼里，望着乌云滚滚的天空，人们心里只能是在无助地祈祷。然而，雷雨、大风、冰雹，还是无情地发泄在这片土地上。

　　作为扶贫书记的我深知这样的天灾下村里的农作物肯定是在劫难逃了，但我还是从内心中不愿这么想，心想，也许村里的庄稼没事吧，人们不是常说冰雹是走一条线吗，也许老天开眼今天的冰雹都打在了没有庄稼的大山上，村里的庄稼会是没事的，心里虽是这样想着，但脚却在不自觉地用力踩着汽车的油门。驱车回村里，我便直接奔向村外的四方山村民的田地里，只见正在蓬勃生长的玉米苗被冰雹打得残枝败叶，已经长满木耳的菌袋七倒八歪，一片狼

藉，地上一层乌黑的木耳浸泡在泥水里。为了能进一步了解村里的
受灾情况，我给村书记张明勇打通电话，电话中张书记带着哭腔说
今年又完了，全村玉米地有三分之一被打光了。听了这句话，我的
眼前似乎看到了村民们那愁苦的面容，山野、田地在我充满泪水的
眼睛里变得模糊起来。

为了让全村百姓脱贫过上好日子，这几年，我嘴上大泡一茬
接一茬，扶贫前满头浓密的头发已经变得稀疏，胡须也早早染上了
白霜，两鬓也已经斑白，村里的蔡大姐曾心疼地说："村子变新了，
伊书记你却变老了"。

离开四方山，我心里还在惦念着贫困户张伟，她家住在距离
村子7公里远的大河边，当我心有余悸地走过已经被洪水冲的变形
的大桥来到张伟家的木耳地时，张伟正在和其丈夫付兰祥捡拾被冰
雹打落掉在泥水里的木耳。张伟的眼睛红肿着，看到我来，泪水又
夺眶而出，望着一片狼藉的木耳地，我在那一瞬间内心也感十分无
助，也真的好想坐在地上大哭一顿，但一想到我是扶贫书记，是
老百姓的主心骨，我必须要挺住，因为这些年了，百姓们在心里
早已经把我当作了他们的依靠。我安慰张伟说道，别怕，咱们"墙
内损失墙外补"，今年咱们自己出去卖木耳去，做品牌可以在网上
卖，也可以直接放到超市里去卖，这样就会比卖给中间商价格高许
多，我们就会把损失补回来。张伟听了我的话，止住了哭泣，满脸
疑惑，怯怯生生地问我："伊书记我们能那样卖木耳吗？"我坚定地
回答道："我会想办法，一定能做到。"张伟看到我充满信心的样子，
破涕为笑了。我也佯装笑容故作轻松地说道："这点损失怕什么，
只要我们通过直播卖货就会把损失补回来。"安慰住了张伟，我的
心里开始打起鼓来，心想我还没有做过网络直播卖货呢，"牛"吹
出去了，事儿得办呀，于是我想，得尽快回单位向领导做汇报，要

取得领导的支持，还得去长春吉林省驻村第一书记协会寻求帮助，实现网上卖货。

清澈见底的嘎呀河水蜿蜒流过天平村。汩汩的河水、黑黑的土地，郁郁青山养育着这里一代代的儿女，曾经的张伟家就坐落在这风景如画的大河边。然而就是这样一块儿人们眼里的风水宝地，却给张伟家带来灭顶之灾。

2000年，张伟家依傍在绿水青山之间的"农家乐"开业了。这里可垂钓、可游玩，再加上张伟一身厨艺，做出飘香十里的野生蘑菇炖小鸡和鲜嫩的小鱼汤，张伟家的生意变得火爆起来，每日门庭若市，游客络绎不绝，节假日都得提前预约才能在这里饱眼福饱口福。然而，一场百年不遇的洪水把张伟家的农家乐的冲刷得片甲不留，山庄变成了断垣残壁，土地变成了硬邦邦的鹅卵石，那曾经的繁荣如海市蜃楼般瞬间消失得无影无踪。

人们常说"福无双至祸不单行"，张伟的灾难又接踵而来，张伟的公公、婆婆、丈夫都罹患癌症逐一撒手而去，留给张伟的不仅仅是刻骨铭心的悲伤，还有如大山一样的债务压在了这个瘦小单薄的小女子身上。

当弱不禁风的张伟苦苦地挣扎在生活的惊涛骇浪之中，恶浪就要吞噬她的时候，一双有力的大手拉住了张伟。付兰祥，一个憨厚能干的东北汉子走进了张伟的生活里，风平了，浪静了，山青了，水绿了，张伟的脸上荡漾起了笑容，嘎呀河畔又传来了欢声笑语。2017年，他们在依山傍水的河边种起了黑木耳，望着眼前绽放的"黑牡丹"，美好生活的画卷又在张伟面前徐徐展开，每天两人虽然是起五更爬半夜，但喝的水是甜的，吃的粗茶淡饭是香的。两人过上了"男耕女织"般的幸福生活。

中国最好的黑木耳出在东北。东北最好的木耳产在吉林省汪清县，汪清县地理坐标为北纬 43°06′ 至 44°03′，东经 129°05′ 至 130°56′ 之间，因为特殊的地理位置，汪清区域为冷凉型气候，有日照时间长、昼夜温差大、气温低、生长慢等特点，汪清黑木耳用柞树、桦树等阔叶锯末为原料生产，符合木腐菌的自然属性，纤维生长密集，因此汪清黑木耳与其他区域产品相比，干时肉厚色黑，营养丰富；泡开富有弹性，复水性好，富光泽；食用时圆润、细腻，口感极佳，具有特有清香味，无异味。汪清黑木耳被国家定为农产品地理标志地域保护产品。天桥岭镇是汪清县养殖黑木耳最多、最早的地方。一方水土养一方人，在当地政府的大力扶持下，黑木耳产业已经形成了一个成熟的产业链。

当黝黑的木耳像小精灵般争先恐后地挤满摆在河边成片的菌包上时，张伟的心里也随着这娇艳黑牡丹的绽放而盛满了对未来生活的美好希望，眼看着丰收在即，可嘎呀河确再次发威，河水暴涨，十多万袋木耳菌袋瞬间就被卷入浊浪滔天的河水中，多年陪伴着张伟为其看家护院的大黄狗，瞪着一双无助的眼睛也随着这一切消失了。

每次我来到张伟家，我都会情不自禁走到大河边，漫步在这长满野花的岸边，可是张伟却对我说她从来不到河边去，就连浣洗衣服她都不去，因为那里是她的伤心地，是她梦魇的地方。每当夜深人静时，她害怕听到那河水的波涛声，常常是一身冷汗从梦中惊悸醒来。

张伟是一个典型的因灾致贫贫困户。我来到天桥岭镇天平村任第一书记后，在逐户走访中了解到张伟坎坷的人生经历，虽然灾难曾无数次无情地摧残着她的生活，但我从张伟那明媚的双眸中，看到了她对美好生活的渴望，读到了她内心中我要与命运抗争的强大信息：我要奋斗，我要过上好生活！

　　我暗暗在心里发誓，一定要把张伟扶持起来，不仅脱贫，还要致富！

　　张伟是天平村的建档卡贫困户，家庭的多灾多难让张伟背上了巨额外债，她本想着孤注一掷，借上高利贷种植木耳大干一场还上外债，可是"屋漏偏逢连夜雨"，一场百年不遇的洪水将张伟的所有家档，房屋、土地及收获的几万斤木耳冲刷得片甲不留。留给张伟的财产只有身上穿的一套衣服，旧债不但没有还上却又欠上了新债。面对绝望的张伟，组织上及时向她伸出了援助之手，当年就给张伟购买了居住的房屋，将张伟纳入了建档立卡贫困户。张伟是因灾致贫，不像村里大多数贫困户都是年岁大，因病因残致贫而失去劳动能力。所以，只要张伟对生活不失望、不气馁，对生活充满信心就有希望。帮扶单位延边州税务局党委专门对张伟家的情况召开了局党委会议，按照因地制宜，一方水土养一方人的思路，决定对张伟家这样有劳动能力的村中的贫困家庭进行重点帮扶。

　　局党委决定对有劳动能力的贫困家庭实施大力发展木耳种植产业项目，为了能够将帮扶工作落到实处，驻村工作队深入到田间地头，了解菌农们在实际生产中存在的困难，经过走访调查，村民在开展木耳产业项目中主要存在三个困难，一是存在资金短缺问题，大部分菌农包括张伟每年在春季开展种植木耳生产时，由于资金短缺，都要在民间借利息较高的资金，使木耳生产成本比较高，为了尽快还上高利贷，在木耳集中大量上市阶段，必须将木耳尽快卖掉使木耳都以较低的价格卖给中间商。二是高质量的木耳没有自己的品牌，都作为初级农产品以较低的价格销售给了中间商。三是菌农们每年种植木耳都是依靠传统的土办法培养菌种，凭运气种植木耳，运气好了木耳菌袋的成活率较高，如果运气不好木耳菌袋的成活率较低，一年到头就白忙活。针对这些问题，在帮扶上采取了以下措施：一是找国家金融单位，让菌农们能够享受到国家助农资金的优惠政策，为张伟等家庭贷到了低利息贷款，为每个家庭贷上了为期 3 年的 10 万元贷款，每年用多少可取多少，随贷随还，不用款就不计利息。这项措施彻底解决了多年来困扰菌农们缺少资金的问题，减轻了借高利贷的资金压力。二是为了能让菌农们生产出来的高质量木耳卖上好价钱，借助吉林省驻村第一书记协会的网络平台，打造品牌进行线上销售，我带张伟走进了第一书记直播间，20 分钟就在网上销售出 3 万多元钱的木耳，打开了网络木耳销售的渠道，为张伟一家增收几千元。张伟在 2020 年遭受冰雹的情况下，种植的近 9 万袋木耳，纯收入达到 84000 元钱。为了能保证菌农们种植木耳的产量和质量，改变他们生产的传统思维，使他们由凭经验、靠运气搞生产，改变为懂科学、靠科学进行种植木耳，我为全镇 23 个村的菌农们成立了木耳技术交流微信群，聘请了大企业的木耳技术专家做群主，对菌农们在生产中遇到的技术难题实时解答。同时，为了能让大家更好地掌握生产技术，举办了木耳种植技术讲座，并实施了大手拉小手，企业加农户木耳种植模式，将企业定植好菌种的木耳袋以较低价格销售给像张伟这样的贫困户菌农，菌农无需自己用土办法进行养菌，直接将企业提供给的定植好的菌袋摆在地里进行养植，并由企业定期派技术专家深入到每户的田间地头进行技术指导，保证了菌农们的生产安全。以上几项措施不但让天平村的贫困家庭彻底甩掉了贫困户帽子，而且快速地走向了脱贫致富向小康的生活。

为了进一步帮助张伟家脱贫致富，根据张伟的爱人付兰祥具有养牛经验的情况，村里还为张伟家贷款购入了四头都怀有小牛犊的母牛，因为养牛经验不足及张伟家木耳产业规模的扩大，张伟和付兰祥两人有时无暇顾及放牧在山中的牛，为此损掉了一头小牛犊和一头怀孕的母牛，现在还有三头母牛和两头小牛犊，近期一头母牛即将临产，这样张伟家就会有六头牛了。

在脱贫攻坚的几年中，帮扶单位为村里陆续投入了一千多万元的产业项目，每年产生纯利润 50 多万元，为了激发贫困群众脱贫的内生动力，在村中实施了公益岗，全村建档立卡贫困户 87 户 135 人，有劳动能力的 50 人全部都加了公益岗，张伟也当上了其中的护林员，张伟爱人付兰祥还利用冬天闲暇时间打工，在不计养牛收入的前提下，张伟家 2020 年的收入达到十多万元。人均纯收入达到 5 万元以上。

2020 年 12 月，皑皑的白雪覆盖着大地，碧蓝的天空水洗般一尘不染，整个大地银装素裹，天平村洋溢在新年快乐的氛围中，在镇内一家饭店的大厅里正举办着一场迟到的婚礼，新娘是打扮得无比娇艳的张伟，新郎是英俊潇洒的付兰祥。只见张伟用那激动深情的声音说道："今天我和我的爱人付兰祥实现了多年的梦想，这个梦想就是穿上一回婚纱和我的爱人举办一场婚礼，虽然我和付兰祥已经在一起生活多年了，但由于灾难、贫穷，我们始终也没有举办结婚庆典，今天能圆这个梦想，是因为有党的好政策，让我们战胜了灾难，战胜了贫穷，过上了好生活，在此我们要再一次地感谢党、感谢习主席！"

今年是牛年，祝愿张伟家的生活牛气冲天，乘着乡村振兴的东风，奔向社会主义的康庄大道。

（三）记录者说：纪念脱贫路上最可爱的人

| 《天平村的幸福路》导演孙月手记

初到天平村

提起天平村，我每次都会想起，在 2019 年那个冬日午后，我第一次乘坐扶贫队员老赵的小丰田车，穿过一座座白雪皑皑的山岭的时候。从延吉市区到天平村里需要两个半小时的车程。而我走过的这条国道便是这个小村子通向繁华大都市的唯一通道。100 公里的距离，一条公路连接着两个世界。

天空湛蓝，不带一丝云彩，可视线却并不能望得更远。天平村像一个碗底，被四面环抱的大山包围着。相对封闭的环境也让这里的人更淳朴，跟人交流起来亲切又直接。

天平村比我想象得要繁华，是一座镇中村。它坐落在汪清县的最大的黑木耳产区，天桥岭镇。家家户户都做木耳菌是这里的常见景象。刚一进村里，我就被四处弥漫着的一股淡淡香味吸引，像是蒸熟了枣子的味道。我后来才知道，这个味儿就是菌锅里成千上万木耳菌瓶蒸煮的味道。就是伴着这股甜香味儿，我第一次见到了未来的拍摄对象。

泪洒天平村

她叫张伟，虽然名字像男生，但却是一个瘦小的中年女性。虽然脸上有了岁月留痕，但依稀还能看出她年轻时的风采。初次见面，我就对她的整洁爱美印象深刻。家里不到 20 平方米的起居室和厨房一尘不染，穿着得体，甚至不输城里的同龄人。谈吐自如、言无不尽、落落大方，这些特质都非常适合作为拍摄对象。唯一一点不足就是，我能感觉到她对自己在电视里的形象顾虑比较多，并不愿意太多展现真实的自己。不过她的配合是一个好的开始，剩下的工作就都交给我的团队和时间了。

一年的拍摄时间，我们通过共情和张伟一家成了很好的朋友。

在张伟家旁边的嘎呀河上。她望着曾引以为傲的农家乐遗迹，回忆起一场改变她命运的洪灾。从村里的有钱人变成建档立卡贫困

图 6-4
《天平村的幸福路》摄制组在嘎呀河边拍摄

户，张伟认为这就是一场梦魇。一瞬间的一无所有让她在自杀边缘挣扎，也为了儿子选择勇敢面对命运的残酷。零下二十多度的气温下，她静静坐在江面上的石头上说了将近半个小时，似乎感觉不到寒冷。她也仿佛一直在喃喃自语，因为她根本没期望别人会对她祥林嫂般的述说抱有更多的同情。可是当她哭起来的时候，我也忍不住红了眼圈，眼泪在寒风中被吹得印在了脸上，我当时有些不好意思，但是张伟却看在了眼里，我的共情让她变得更敢于表现自己的情绪了，而她的转变让我颇感惊喜。这也是我们拍摄的一个良好开端。

谈到张伟和付兰祥的故事，我们团队其实在一开始是有自己的顾虑的。因为他俩的婚姻经历比较复杂，鉴于主题和篇幅的考虑，我们是一直回避展现她和老付是重组家庭的这部分内容的。但是随着拍摄的深入，我看到了一份特别令人羡慕的感情。他俩的拼搏努力、相濡以沫，一直在感动着我们。渐渐，我有了为他们策划一场婚礼的想法。我也跟张伟提了这个想法，可是她却拒绝了。

到 2020 年冬天，张伟和老付奋斗了将近一年，收入有了很大的改善，她开始主动策划和老付完婚的事儿了。两个人的人生即将进入新阶段，对亲人和逝去的爱人都要有个交代，通知两人结婚的消息。就在那两天，我们跟着他俩跑遍了 7 座坟。老付和张伟已经把我们当作了自己人，在焚香祷告的时候不忘在故去的家人坟前念叨念叨要保佑我们的拍摄团队。那是一种肃穆略带悲伤的氛围，我至今记得坟墓周围静静松林中清晰的鸟叫声。

当你的拍摄对象意识不到镜头的存在时，就是你有可能捕捉到他们生活本来面貌的时刻。当张伟在亡夫墓前，嚎啕大哭诉说着多年的委屈时，她感觉不到我们的存在。那种张伟对命运的无奈、生活中经历的苦痛都在这一刻倾泻而出，这是她对过去的告别，而我们是见证者。我和摄影师也流下了眼泪，是为她感到高兴的眼泪。此刻，我们记录的并不是一家贫困户脸谱化的脱贫故事，而是一个普通人一段再普通不过的奋斗故事。我意识到，对这家人一年来的跟踪拍摄，带给我们团队的震撼远超我们最初的想象。

图 6-5
张伟婚礼

　　张伟和老付的婚礼如约举行，除了准备好的红包，为了给他们送上祝福，我们团队还连夜将她和老付的生活片段剪成了一个一分半的小片，在婚礼上暖场播放。当张伟和老付携手缓缓走上婚礼的舞台中央时，我站在娘家人的队伍里，再一次流泪了。这是百感交集的眼泪，看到一个好朋友奔向人生幸福的喜悦的眼泪、是见证他们一年来的艰苦奋斗的感动的眼泪，是我们最初的设想最终实现了的欣慰的眼泪。这也成了我们跟踪记录他俩脱贫攻坚生活的高光时刻。

　　三个瞬间的眼泪只是一种情绪的表达，它的前提是我们能和拍摄对象感同身受。一年来这种沉浸式的记录方式，让这种共情成为可能，也让我们团队收获了一段真挚的友谊。

一年的时间很短，短到我们没能见证到张伟彻底实现自己致富的愿望，一年的时间又很长，足够让被我们镜头记录人和事物是人非。新年伊始，我惊闻噩耗，曾经是驻村扶贫工作队员的老赵和在张伟家帮忙的二哥因病永远离开了我们，在这里我想用以上的文字纪念我们镜头下这些曾经鲜活的可爱的人。

责任编辑：曹　春

封面设计：汪　莹

图书在版编目（CIP）数据

攻坚日记.守望相助／中央广播电视总台 编 . —北京：人民出版社，
　2024.5

ISBN 978－7－01－024767－0

I. ①攻⋯　 II. ①中⋯　 III. ①电视纪录片－解说词－中国－当代

　IV. ① I235.2

中国版本图书馆 CIP 数据核字（2022）第 076211 号

攻坚日记

GONGJIAN RIJI

守望相助

中央广播电视总台　编

人民出版社 出版发行

（100706　北京市东城区隆福寺街 99 号）

北京汇林印务有限公司印刷　新华书店经销

2024 年 5 月第 1 版　2024 年 5 月北京第 1 次印刷

开本：710 毫米 ×1000 毫米 1/16　印张：14.5

字数：179 千字

ISBN 978－7－01－024767－0　定价：68.00 元

邮购地址 100706　北京市东城区隆福寺街 99 号

人民东方图书销售中心　电话（010）65250042　65289539